耳の聞こえない人、オモロイやん！
と思わず言っちゃう本

手話エンターテイメント発信団 oioi
編著：大谷 邦郎

バリア
クラッシュ
に
向かって!!

1 はじめに

「大谷さんって、高音、いわゆるモスキート音って、もう、聞こえないでしょ?」

――**「もう」とは失礼やな!** まぁ実際、聞こえてはいないけれど。

「ということは大谷さんも、モスキート音に関しては〝聴覚障害者〟ということよね」

――ウッ(しばし絶句)! ……た、た、確かに。

※モスキート音(出典 小学館/デジタル大辞泉)

一万七千ヘルツ前後の高周波数の音。高周波は加齢とともに聞こえにくくなるため、若年層には不快な高音と感じられるが、中高年層では聞き取れないことが多い。

あなたには何人の「耳の聞こえない」お友だちがいますか？

ボクには、今、大勢の「聞こえない」仲間がいます。しかし、振り返ってみれば、社会に出るまでには出会ったことはなかったなあ。

あっ、大学時代には、確か学部に一人いたかも。

その後、大阪の放送局に入って、長らく記者として取材をする仕事をしてきたけれど、聴覚に障害のある人物に出会った記憶が……ない。特にラジオ局で働いていた時などは、たぶん、接点すらない。聞こえない彼らにとって、ラジオなど無用の長物に違いなかったのだから（今は、そんなことは全く思ってはいませんし、ラジオにある種の可能性を感じてもいるのだけれど、当時は彼らの存在すら、正直忘れていました）。

さて、もう一度問います。

あなたには何人の「耳の聞こえない」お友だちがいますか？

こんなデータがあります。平成二十五年版の障害者白書によりますと、十八歳以上の聴覚・言語障害者は三十四万三千人。十八歳未満の聴覚・言語障害児は一万七千三百人。合わせて約三十六万人。すなわち、日本人の千人に三人がそうだというのです。

たとえば、あなたのお友だち・知人に「村上」さんという姓の方はおられませんか？　ボクは、すぐ二人の「村上」さんの顔を思い浮かべましたよ。いや、三人はいるなぁ。この「村上」姓の方が日本ではおよそ三十六万人いるということですから、ほぼ同じ人数おられるということです。

そう考えると、この聴覚・言語障害者児の数は決して少なくはありません。しかし、どうですか？あなたにはそれだけの数の「耳の聞こえない」お友だちはいますか？

たぶんあなたが聴覚に障害があるというのであれば、それだけの、あるいはそれ以上の「耳の聞こえない」お友だちはいるでしょう。

一方、あなたが聴覚には何ら問題はないと考える健聴者なら、その数は格段に少ないはずです。いや、全く出会ったこともない、という人もおられるかもしれません。

しかし、それは何もあなたの交友関係が狭いからではありません。たぶん、あなたは出会っていた。それに気づかなかっただけ。いえいえ、決してあなたが鈍感だったと言っているわけでも、ディスっているわけでもありません。聴覚障害者は、時に、その聴覚障害を隠そうとするからです。

「耳の聞こえない」ボクの友人はこう話しました。

「学生時代、人と話す際には、僕は右側の補聴器を外していました。補聴器をつけていたのは左側だけ。右側は補聴器を外すとほとんど聞こえません。でも外した右耳だけを見せるようにしていました。反対に左側の、すなわち補聴器をつけている耳は、相手に見せないようにして話をしていました」

――ほとんど聞こえてない右耳で聞いているように装って、隠している左側の耳で、いわばコッソリ補聴器を通して聞いていたということですか？

「その通りです」

――なんともめんどくさい。あなたは、聴覚に障害がある、補聴器をつけている、ということを友だちには言いたくなかったのですか？

「そうですね。どっちかと言うと言いたくなかったですね」

――周囲にバレていなかったと思いますか？

「いえ。普通にバレていたと思いますよ」

友人はそう言うと、少し照れたように笑いました。ボクも笑いました。しかし、その笑いが収まった後に、さらにもう少し厳しい質問を重ねました。

――では、なぜ、自分に聴覚障害があることを言えなかったのでしょうか？

友人は、しばらく、いやずいぶん〝間〟をとってからこう答えました。

「恥ずかしいと思っていたから。聞こえないということが、まだ、たぶん、その時は、自分自身で認められなかったのだと思いますね」

聞こえないことが恥ずかしい。そして、自分の中で認められないので、結局はそれを「隠す」と言うのです。

さらに、こんな「聞こえない」友人もいます。彼は、話すことも苦手。そこで、手話ができる仲間に間に入ってもらって、ある種の通訳をしてもらいながらコミュニケーションを取ることにしました。

その感じが少しでも伝わるようにと、彼の発言はひらがな表記としました。

「ぼくは、ほちょうきを、つけていません。いまも」

彼は高度聴覚障害。耳の横で大きな声で話しても聞こえるかどうかという聴力しかありません。しかし、それでも彼は補聴器をつけていないのです。

——なぜ、補聴器をつけないのですか？

「ちゅうがくせいのとき、ほちょうきをつけていたことで、いじめられたからです」

重い台詞のわりに軽く見えるのはひらがなの功罪か。しかし、彼は今年三十四歳。しっかり大人です。けれども、今も補聴器をつけず聴覚障害者であることをできれば隠したいと思っているのです。

ですから、皆さんのそばにも、そんな**隠れ聴覚障害者**がいて、皆さんはただ気づいていないだけなのかもしれないのです。でも、それでは健聴者による聴覚障害者への理解は進みません。

健聴者と聴覚障害者の間に立つ壁は、分厚くなることはあっても薄くはならないのです。そんな壁を薄くする、低くするのでなく、もう壁ごと壊してしまえという何ともユニークな団体があります。

その名は「手話エンターテイメント発信団oioi《おいおい》」。

聴覚障害者と健聴者が混在する団体です。

そんな団体に所属する聴覚障害のある皆さんに協力をお願いして、インタビューを敢行。失礼な質問、不躾な質問などをさせていただきながら、本当にさまざまなお話を伺いました。確かに先ほどのような少し重い、少し心痛い話題も出てきますが、基本的には「えっ！　ホンマかいな？」であるとか「そんなん知らんかった！」と楽しくおもしろく紹介していきたいと思っています。

たとえば、こんな話題もご紹介したいなと思っています。

「お腹の鳴る音は聞こえるんですか？」
「では、おならはどうですか？」
「聴覚障害者もカラオケに行くって本当ですか？」
「プロポーズも手話でしたんですか？」などなど。

いやはや本当に失礼きわまりない（汗）。

筆者であるボクは確かにジャーナリストではありますが、医療や福祉の専門家ではありません。あくまで素人目線で、ボクの大好きな「耳の聞こえない仲間たち」を、皆さんにも好きになってほしいという思いで執筆いたしました。

この本を読み終わった後に少しでも「耳の聞こえない仲間たち」への皆さんの理解が深まっていればうれしいです。

2 手話エンターテイメント発信団って？

ダンス練習室へ

その日、大阪市内ではシトシトと冷たい雨が降っていました。

この「シトシト」とは擬態語で、決して「シトシト」という音をたてながら雨が降るのではありません、と書くと「そんなこたあ、分かっている！」というお叱りの声が聞こえてきそうですが、聴覚障害者の中にはそんな音を立てながら雨が降っていると誤解する人もいるそうです。

自分は聞こえないけれど、そう言うのであれば、そんな音がしているんだと思い込まれているわけですよね。なるほど。

他にも「し〜んとした静けさ」という表現も、「し〜ん」という音が実際にその場に響いていると思っている聴覚障害者も少なからずおられるとのこと。それは致し方ないかも。だって、我々が普通に聞こえているものが、彼らには全く聞こえていないというケースが普段から往々にしてあるのだから。

我々が常識だと思っている常識は、常に万人の常識ではありません。立場や境遇が変われば、そんな常識など、木っ端微塵に砕かれてしまいます。

そこで、耳の聞こえない仲間たちは普段そう思っていたのか、彼らにとっての常識とはそうだったのかという「聴覚障害者あるある」は、改めて別項目を立ててご紹介するとして、さてさて、話を続けていきましょう。


JR新大阪駅の三階にある中央改札を出て、左へ。

多くの乗客は反対に右へと進み、地下鉄やタクシー乗り場へと急ぎますが、左側は人もまばらで、進む通路も少し寂しげ。突き当たりには階段が。エスカレーターはなく、地上へと戻るためには、二フロア分をこの階段で降りて行かねばなりません。

降りたら降りたで、先ほどまでの構内の喧噪ははたしてどこに行ったのかと思うほど、いたって静かなのがここ新大阪駅東口周辺。駅から少しでも離れると、静けさと街灯の暗さは加速度的に増していきます。

さて、そんな駅周辺から一ブロック、二ブロック離れたあたりに、彼らが定期的に練習を行っている場所があります。歩いて駅から五～六分。市立青少年センターがそうです。エレベーターを上がって五階に。そのエレベーターを出たあたりに、このフロアの地図が貼ってありました。

彼らが練習をしているはずのダンス練習室は、さてどこかなと探してみれば、廊下の突き当たりを左に曲がったさらに先とのこと。他の部屋からは少し離れた位置に置かれているようでした。位置の見当がついたところで歩き出し、廊下をまっすぐ行って、地図通りに左に曲がると、その瞬間からボリュームMAXの音楽と、それに合わせた大きな掛け声が聞こえてくるではありませんか。

いやはや、本当に大きな音。かのダンス練習室は、決して「むき出し」で存在していたわけではありません。ちゃんとガラスで仕切られた部屋だったにもかかわらず、です。左に曲がって二〜三メートル行ったあたりから土足厳禁。靴を脱いで、ガラス越しに中を覗くと、ダンス練習の真っ最中でした。

★ダンスの練習中

彼らが、この本の取材に全面的に協力してくれた「**手話エンターテイメント発信団oi**」です。

取材に伺ったこの日は七人しか集まっていませんでしたが、総勢は三十二人。男女はほぼ半々。意外と学生は少なく六〜七人しかいないということで、メンバーのほとんどが社会人です。そして、三十二人のうちおよそ三分の一が聴覚障害者の「耳が聞こえない」メンバーです。

しかしながら、その日は七人中五人が「聞こえない」メンバーでした。そんな彼らが、間もなく開催されるイベント用の手話ダンスの振りつけを、本番さながらに練習していたのです。

彼らのバックに流れる曲は二〇一八年に大ヒットしたＤＡ ＰＵＭＰの『ＵＳＡ』。その歌詞を手話で示しながら、曲に合わせて、**もう全力で踊る、踊る、踊る！　跳ねる、跳ねる、跳ねる！　そして叫ぶ、叫ぶ、叫ぶ！**

聴覚障害者から、こんなに大きな声を聞いたことなど今までなかったぞ。それを午後七時から三時間近く、もう全力疾走で駆け抜けていくかのような練習です。体育会系ですね、これは。

ここまで読み進んで「あれ？」と思いませんでしたか？

もう一度書きますが、この日の練習に参加した七人中五人は「耳の聞こえない」メンバー。決して障害の軽いメンバーばかりではありません。中には高度難聴のメンバーもいる。そんな耳の聞こえないメンバーが、曲に合わせてダンスを踊り、歌う。

ボクは初めて彼らのパフォーマンスを見た際、「えっ？　どうしてなの。そんなこと可能なの？」と本当に目を丸くしてしまいました。だって、彼らは「聞こえない」のですから。

そうなのです。ここに聴覚障害を理解する難しさがある。偏見がある。先入観、固定概念がある。

「聞こえない」という表現は、実に不確かで、浅くて、いや深くて、複雑なのであります。

それは、この本の中で少しずつご紹介していきたいと思いますが、まずは、この「手話エンターテイメント発信団oioi」についてもう少し説明をしておきましょう。

「手話エンターテイメント発信団oioi」誕生は、二〇〇五年に遡ります。今からもう十五年近くも前のこと。一人の耳の聞こえない女子大生のために、何かおもしろいイベントができないかと、これまでにない新しい「手話エンターテイメント」作りに挑戦する合宿が、有志の手によって企画されました。

耳の聞こえない人にも、聞こえる人にも、広く参加者を募り、二日間「声なし生活」で、今までにない新しい手話パフォーマンスを作るというのが合宿の目的でした。すなわち、一切「しゃべらない」というルールのもと、二日間の合宿が行われたのです。

これはおもしろそう。コミュニケーションに難ありと思われていた聴覚障害者のほうが、手話さえ使えれば、健聴者よりも、このルールの下ではコミュニケーションは優れていることになる。

実際、この時に生まれたパフォーマンスが主催者の予想をはるかに上まわるおもしろいものとなり、手話パフォーマンスというサブカルチャーを世の中に広めていけば、「聞こえる人」と「聞こえない人」の間にある心の〝壁〟を壊せるのではないか⁉ という思いから、そのまま団体が結成されたのです。

当初は社会人を中心に十人程度だったものが、今では三倍にまで膨れあがるほど「知る人ぞ知る」

人気の手話エンターテイメント集団になりました。
最近では、自治体や福祉団体などが主催するイベントに引っ張りだこで、手話を使いながら歌を歌う「手話歌」や「手話ダンス」「手話体操」に、ちょっとブラックな「手話コント」なども繰り広げて、毎回観客から大喝采を受けているのであります。

ボクが初めて見た彼らのパフォーマンスは、こんな風に始まりました。
耳の聞こえるメンバーが狂言まわしとして登場し、今から舞台で繰り広げられる内容をまず紹介。その後、聞こえないメンバーも登場して、いよいよパフォーマンスが始まる段取りだったんですが、もうビックリしましたね。聞こえるメンバーが舞台の上から、舞台裏にいる聞こえないメンバーを〝呼ぶ〟のです。

「お～い、みんな！　出ておいでよ！」

もう一度書きますよ。舞台裏にいる聞こえないメンバーを「呼ぶ」のです。

★oioiのパフォーマンスの様子

当然、聞こえないメンバーは、その声は聞こえない。舞台上の聞こえるメンバーも、たっぷり間を取ってから**「あっ！　聞こえないんだったっけ!?」**とおでこをピシャリと叩き、舞台袖にまで行って、彼らを手招きしながら呼び込むという演出だったのです。

何ともまぁ、シュールでブラック。こんな風に**聴覚障害者をいじってもいいんだ**と本当に驚きました。そこから、彼らとのつきあいが始まって、今回の取材につながったというわけです。ですので、彼らはたぶん、聴覚障害者の「平均像」とは大いにかけ離れているかもしれません。しかし、そんな彼らだからこそ、フランクに自らの障害のことも語ってくれると思いましたし、そんな彼らでさえも、実はつらい思いもあるのではないかと思ったのが、今回の取材のきっかけだったのであります。

さて、彼らの正直な声にしばし耳を傾けてみようではありませんか。

耳の聞こえない仲間と、耳の聞こえる仲間との間に存在する**心の壁をわずかずつでもいいので、崩していく**一助に、この本がなればいいなと心から思っています。

ところで、「ｏ・ｉ・ｏ・ｉ」にはどういう意味があるのでしょうか？

そのわけを伺うと、この「ｏ・ｉ・ｏ・ｉ」という名前は、最初の合宿のために部屋を借りる際に誕生したそうです。

借り先から、団体名が必要だと言われたものの、当時は団体名がまだ決まっていなかったことから「さて？　どうする？」となった時に、「とりあえず後で決めたらええから、適当につけよう。おいおい決めたらええやないか」ってことで、「ｏｉｏｉ」という団体名が決まったそうです。まぁ、なんともええ加減な。

しかし、「ｏｉｏｉ」は「おい！　おい！」という呼び声にもなります。

聞こえない仲間たちに、ただ「おい！　おい！」と呼びかけても気づいてもらえないかもしれませんが、たとえば、遠くにいれば手を振って、あるいは彼らのすぐそばにまで近づいて行って、時には彼らの肩を軽く叩いて「おい！　おい！」と声をかけてみましょう。

彼らはきっと、ゆっくりとではありますが、語り出してくれるに違いありません。彼らが日々過ごしている「聞こえない世界」について。

健聴者にとっては想像もできなかったその「聞こえない世界」を読者の皆さんと一緒にめぐってみたいと思います。

いよいよ、本編のスタートです。

もくじ

Barrier CRASH!!

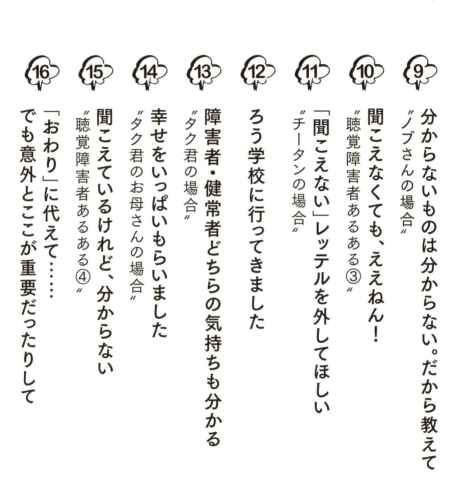

3

「聞く」ってエネルギーいるんですよ

〝リョージ君の場合〟

自分は聞こえているほうだと思います

前項の「手話エンターテイメント発信団ｏ：ｉ：ｏ：ｉ」の手話ダンスの練習の中で、その日、さらさらの髪をかき上げながら一番大きな声で後輩に指導していたのは中川綾二さん、三十歳です。ｏ：ｉ：ｏ：ｉの中でのニックネームは「リョージ」。そのリョージ君は言います。

「ｏ：ｉ：ｏ：ｉの中では、自分は聞こえているほうだと思います」

それでも、彼の聴力は左耳五十二デシベル、右耳で九十六デシベルしかありません。さて、この数字にはどういう意味があるのか？　この数字は大きければ大きいほど「聞こえにくい」ことを示します。

まず健聴者が聴き取れる最も小さい音が〇デシベル。

二十デシベルぐらいまでが聞き取れれば「正常」の範囲内と言われています。大声で話せばなんとか聞き取れる程度の人で六十デシベル、このクラスの人は「中度難聴」と言われます。

電車がホームに入る音が感じられる程度が八十デシベル、怒鳴り声や叫び声が聞こえる程度で九十デシベル。

このあたりの音なら聞こえる人で「高度難聴」。耳元で叫ばれてようやく声が聞こえるのが百デシベル、さらに**飛行機の爆音がようやく感じられる程度**となると百二十デシベルとなって、こうした人々は「聾《ろう》」「重度難聴」と呼ばれるのです。

まず知っておいていただきたいのが、このように「聞こえない人たち」と一言で言っても、実にさまざまなランクがあるということです。

かく言うボクも、これまでそんな分類があるとは全く知りませんでした。人は、なんでも「まとめ」たがる。そのほうがイメージしやすい、理解しやすい、対応しやすい場合が多いからですよね。「身体障害者」「視覚障害者」「聴覚障害者」。

うん、確かにすぐイメージが浮かぶ。さらに「発達障害者」、ふむふむ。全人口の六・五パーセントはおられるそうだ。「ＬＧＢＴ」、なになに……こちらは七パーセント程度はおられるという。そっか、そっか。

しかし！　ＬＧＢＴはそもそも「Ｌ（レズビアン）」「Ｇ（ゲイ）」「Ｂ（バイセクシャル）」「Ｔ（トランスジェンダー）」だぞ。発達障害にも「自閉症スペクトラム」だったり「ＡＤＨＤ」「学習障害」だったりとさまざまある。分ければ、さらによく分かる。あっ、「分ける」と「分かる」は同じ漢字。「分ける」からこそ「分かる」が深まるのでありますよね。

でも、分ければ分けるほど正直「面倒くささ」も増えるのであります。

その面倒くささを避けるために、人は、どうしても**十把一絡げ的発想**になってしまうのですが、この本の中ではできるだけその〝個人〟にスポットを当て、皆さんそれぞれが抱える「聞こえない」

現実をご紹介できればと思うのであります。

彼は「聞こえない」を、こう説明してくれました。

「場所にもよりますが、大きな声でしゃべってもらったら、聞こえるか聞こえないかという感じです。でも、〝音〟として聞こえるけれど、言っていることは分からない。**聞こえることと、内容を理解していることとは別物**なんです。どこかで何か音がしているのは分かります。だから〝聞こえない〟という表現は違うんです。厳密に言えば聞こえていないわけではありません。言うなら**〝聞こえにくい〟**かな」

――ボクらの思う〝聞こえにくい〟の程度では、やはりないように思いますが？

「たとえば、オフィスでデスクワークをしている時でも、まわりが何かしゃべっているのは分かるんです、全く聞こえないわけでもないので。何かしゃべっている、会話をしているのは分かる。けれど、何をしゃべっているのかまでは分からないんです」

――たとえていただくとすると、どう聞こえているのですか？

「ワァワァという感じで、ところどころア～とかウ～とか。でも時々、単語が聞こえてきて、たとえば〝資料〟のような言葉が聞こえるんです。そこで、あぁ、今は資料の話をしているんだろうなと勝手に想像をするわけですよね。で、突然『**君はどう思う？**』と尋ねられて、資料の話ですよねと答えると、質問してきた上司と先輩は顔を見合わせて『そんな話、全然してないよ』と言われる時がありますね」

――それは、補聴器を外した状態の時ですか？

「いえ。つけた時で、その状態です。ややこしいのは、分かった単語が合っている時ですよね」

――分かった単語が合っている？　すなわち、ちゃんと聞き取れたにもかかわらず、それがややこしいのですか？

「先ほどの例で言えば、資料のことですか？　と答えると『そうそう、資料のことだけど』となるわけですよね。僕が聞き取れた言葉は、合っていた、正解していた。でもね、僕はそれ以外のことは分からない。ですから、それ以上の話ができない。突っ込んだ話ができないわけですよ。でも、相手には、僕は分かっているんだと思われちゃって、それ以上の詳しい説明が割愛されちゃう。ですから、結局は、さらにややこしくなるんです」

それをリョージ君は「虫食い」で文章が聞こえてくる感じだとたとえます。分かりますか？　書くとこんな感じ！

「今日は○○について……先週もご説明◇◇※※♪♪で……この○○は……すなわち……

であるから、この資料が……**▽▽となるのであ**ります」

いやぁ、もうお手上げです。しかし、リョージ君は、こう続けました。

「調子がいい時には、聞き取れるんですよ。聴覚障害者の誰もがそうかは分かりませんが、僕の場合は、体調によって、聞こえ方が変わるんですよ。だから、昨日は聞こえていたのに、今日は聞こえないこともあって、相手からすれば『**昨日はあれだけ普通に会話できたのに、今日は何で聞こえないの？**』となるわけですよね」

――ボクからも重ねて聞きますが、それはなぜでしょう？

「我々は聞き取るためにはエネルギーがいるわけですよ。毎日、毎日、そのエネルギーを皆さんが思っている以上に注いでいる。ですから、時にはそこまでエネルギーを注げない日もあるわけですよ」

「聞く」ためにはエネルギーがいるのか。そんなこと、考えたことなどなかったぞ。

音は自然と耳から入り、勝手に認知されるものと思っていた。そこに、何の苦労もなかった。

反対に聞きたくない音や、聞きたくない声（たとえば、同期で入社したにもかかわらず、一足先に課長に出世した同僚の自慢話や、最近七号のブラウスが入らなくなっちゃった。ダイエットしなくっちゃ、と聞こえよがしに話す後輩ＯＬの独り言なども それにあたるわけですが）を遮断するほうには労力がいりましたが、聞くことに労力をかけるという経験を普段の生活では、ほとんどしたことがありませんでした。

まず我々は、このあたりから認識を変える必要がありそうです。

ここまで読み進めてきて、皆さんは「あれ？」と思いませんでしたか？

「リョージ君、聞こえないといいながら、インタビューには流ちょうに答えているではないか？

本当は聞こえているのではないか？」

そうなのです！

いや、ここで言う「そうなのです！」は「彼は実は聞こえている」という意味ではなく、**「よくそこに気づいてくださいました」**という意味。

ボクは、手話はまだできません。「ボクは、あなたが、好き」と示せるぐらい（なぜ、この言葉から覚えようとしたのか？　とは聞かないでください）。なので、彼とのコミュニケーションの方法は手話ではありません。彼は、**「聞く」のではなく「読む」**のです。何を読むのか？　ボクの「口」を読むのです。

彼は、小さい時から、相手の唇の形や動きを見て、話す内容を理解し、同時にその唇の形や動きを真似ることによって自らもしゃべることができるようになりました。これを口話法というのですが、この教育方法を受けてきたからです。

ですから、ボクが彼のほうを向いて、口を少し大きく開け少しゆっくり話をすれば、彼は、ほぼ聞き取れ（読み取れ）、おしゃべりのほうも、確かに少し発音やイントネーションに違和感を持つ時もありますが、基本ほぼどおりなくコミュニケーションを取ることができます。

口話法については、改めて説明を加えることとして、リョージ君の話を聞きましょう。

——リョージ君は、なぜ、耳が聞こえなくなったのでしょうか？

「父も聞こえません。右耳で九十デシベル。左耳は、百二十デシベル以上のスケールアウト状態で、全く聞こえません。先天性ではなく、中途失聴。確か、中学生の時に、突然聞こえなくなったはずです。母は聞こえます。二つ上の兄がいますが、彼は生まれつき聞こえなくて、僕より重度で、聴力は左右共に百デシベル以上です」

——リョージ君が聞こえない原因って、分かっているんですか？

「遺伝性と言われました」

遺伝性！　そうなのです。実は先天性の難聴の七割近くは遺伝性。遺伝子が関係しています。さらに難聴の原因となる遺伝子は何種類もあり、どの遺伝子のどこの場所に変化があるのかによってその遺伝の仕方も変わり、難聴のリスクも変わってくると言われています。

そもそも先天性の難聴、**生まれつきの難聴も千人に一人**と言われ、他の先天性疾患に比べて最も頻度が高いそうです。リョージ君もそうでした。

――いつから自分は聞こえないんだと気づいたんですか？　その記憶はありますか？

「五歳前後かな。四歳ぐらいまでは全然気になっていなかったんですが、その頃から、やたら聴力検査を受けさせられた記憶がありますね。それで、僕の耳はあまり聞こえていないんだなぁと、うっすらと思うようになりました」

――補聴器をつけたのは？

「幼稚園に通い出した途中から。まずは右耳だけでしたが。当時はそこまで聴力が低下していたわけじゃないはずなんだけど、父がね。父も同じ経験をしてきたので、小さい時から少しでも聞きとれる情報を増やしておくほうがいいだろうと、早くから補聴器をつけさせたのだと思います。でも、最初は嫌でしたね。当時の補聴器って、箱形で、そこからイヤホンが伸びているものだったんですが、最初は邪魔だなと思って」

――補聴器をつけるのが嫌だったのは、ただ邪魔だったから、だけですか？

「当時は（補聴器が）なくても聞こえていたんですよね。（補聴器が）あっても目立つし。『それ何？』って言われるし。それが嫌でしたね」

――実際、補聴器をつけられてからも、やっぱり嫌でしたか？

「嫌でしたよ。ひどい時は、友だちが何かをしゃべっていると、あぁ自分のこと、自分の耳のこと、自分の補聴器のことを話題にしているんじゃないかと勝手に思い、自然と自分から、**自分の周囲**

に壁を作っていましたね。そのため友だちも減っていくし。暗い少年でした。中学校に進むと、耳だけじゃなく、腎臓も悪くなって、それまで得意で、唯一自己表現ができる場だと思っていたスポーツもできなくなって、ますます壁が分厚くなっていって、本当にめちゃくちゃ暗かったですね」

今の明るく快活なリョージ君からはまったく想像できない過去がそこにはあったのです。さらに、こう続けました。

「聞こえないことが、恥ずかしいと思っていたから。まだ自分自身で認められなかったのだと思いますね」

聞こえないことが恥ずかしい。
そして、自分の中で認められないので、結局はそれを「隠す」。

「このままじゃぁダメだと分かっていたけど、でも、どこかで、何て言うか、**〝フツウの人〟として生きたい**と思っていたんですよね」

――〝フツウの人〟って？

「その時は、耳が聞こえないことで損しているなと思っていました。友だちが大人数で輪になって会話をしている時も、あの会話の中に入れたらものすごく楽しいだろうな、だとか、学校の授業でも、確かにさまざまなサポートもありましたが、やっぱり聞き取れない、理解できない部分もあって、聞こえる人であれば、もっと理解が早いのに、聞こえないことで理解が遅れているんだろうなとか、できないことがメチャクチャ多いと思っていました。特に……」

——特に、何ですか？

「友だちが笑っている時も、分からないので笑えないケースもあるわけですよね。そういう時は、愛想笑いをします。分からないけれど笑います。そんな時に特に、損だな、心から楽しめない、しんどいなと思いましたね」

そんなリョージ君にチャンスが訪れます。それは高校入学時。彼が通うことになった高校は、さまざまな中学校から生徒が集まっていたので、いわばゼロから友だち関係を作ることができる。

そこで、リョージ君は、自ら築いてきた〝壁〟をいったん壊して「自己開示」をしたのです。

「いやぁ、高校に入って、**このままだとあかん**、何とかしなければ高校生活三年間が終わりだと思って、初対面の同級生に自分から声をかけて、二〜三人の輪に入っていきました」

——そこで、自分の耳のことは、話されたのですか？

「はい！　自分が聞こえないことを説明して、こうやってくれたらうれしいとか、助かると言いました。もう、メチャクチャ緊張して……」

――友だちの反応は？

「ア、そうなんや、と」

――ありゃ？　そんなもんやったんですね。

「意外とあっさり。結構あっさりと受け入れてくれました」

――それで？

「それで、話は終わり。本当に、それで終わり。その後は、その子たちが周囲の友人に僕が聞こえないことを伝えてくれました」

ようやく「暗い男の子」から脱したリョージ君。高校時代は徐々にですが楽しいことも増えてきたと言います。さらに勉強もがんばって、大阪の公立大学へ進学。大学時代にｏｉｏｉに出会って人間関係も一挙に広がり、まさに人生が一変したのでありました。

ところで、そんな明るい思い出を語るリョージ君は、**声が次第に大きくなります。**

声が次第に大きくなります。声が次第に大きくなります。

って、大きくなり過ぎやろ。まわりのみんなもこっちを見てるぞ！

「あっ!?　声、大きかったですか？」

――そうか！　自分の声が大きくなったことも分からないのですね？

「そうなんです。話に力が入ると、こうしたことがちょくちょくあります。でも、**自分では自分の声が大きくなったことは分からない**のです」

なるほど。そういうことか。それほど、熱を込めて話をしてくれていたわけか。高校・大学時代は、楽しかったに違いない。

しかしです。大学を卒業後、リョージ君は、誰もが羨むような大手通信会社の代理店へと就職するんですが、その話をするリョージ君の声のボリュームは、ずいぶんと小さくなるのでありました。

「社会に出てからは、ムチャクチャ困りました。やっぱり気を張らないといけないことが毎日続くんで、しんどかったですね。僕、営業をしていたんですけど、商談の時は当然ですが、移動中だって、先輩と一緒なので先輩が何かしゃべっているのではないか、しゃべってこられた時には、上手い返しをしないといけないという思いがずっとありました。デスクワークの際も、うちの職場では雑談しながら大事な話もするようなところで、先輩たちはたとえばパソコンを打ちながら話してこられるんですが、何かをしながら会話をするのは、僕は苦手で。先輩が何を言っているのか分からない。僕は聞くことに集中しないと聞き取れないんです。食事中も、僕は先輩がしゃべっている時は食べられないんですよ」

――なぜ？　礼儀？　体育会系？

「いえ。先輩の話を聞こうとしても、食べながらだと、ますます聞こえないんですよ。というのも、自分が食べ物を噛んでいる音がうるさくて、先輩のしゃべっている声が聞こえない時があるんで、しんどいんです。ですから、勤務時間中、気が休まるのはトイレに行く時ぐらいなんです」

なるほど。そうなのですね。前述の「**聞くことにはエネルギーがいる**」という理由が少し分かった気がしました。確かに、しんどい。これまで、気づくことができずに本当にごめんなさい。

さて、このリョージ君。その大手の通信会社の代理店では六年間働いていましたが、o・i・o・iの活動に専念したいと退職。今は基本〝専業主夫〟としてがんばっておられるのです。

そう、彼は既婚者。では彼のパートナーはどんな女性なのか？　そもそも、どんな風にプロポーズをしたのか？　日常生活はどうなのか？

山ほど聞きたいことがありますが、それは次章でご紹介しましょう。

4 誰にとっても分かりやすいっていいこと！

〝リョージ君の妻・ランマさんの場合〟

えっ、このタイミングでプロポーズ!?

彼女の名は「ランマ」。もちろんニックネームです。

覚えておいででしょうか？　一九八〇年代後半から一九九〇年代前半、そう、あのバブル絶頂期に人気を博した高橋留美子先生の漫画『らんま2分の1』の主人公。そうそう、水をかぶると女性になってしまう高校生格闘家・早乙女乱馬に似ていることから大学時代につけられたそうです。

あっ、何もかもが似ているからではありませんよ。決して、彼女は格闘家じゃない。彼女が一時していた髪型が似ていたことから、そうニックネームがついたのです。

一方、彼女の本名は〝大人の都合〟で、ここに記すことはできませんが、夫・リョージ君がｏｉｏｉの活動に専念する一方で、彼女が今この家の家計をしっかりと支えています。もちろん彼女もリョージ君同様ｏｉｏｉのメンバーの一人。しかし、彼女は健聴者です。一九九一年生まれということですからリョージ君より二つ下。

二人は、このｏｉｏｉの活動を通して大学生時代に知り合い、つきあいだしたのはランマさんが大学四年生の時。リョージ君は既に社会人でした。二人はいつしか同棲を始めますが、それは、ある夜のことでした。

ランマさんは、こう振り返ります。

「プロポーズですか？　ロマンチックでもなんでもないですよ。急にリョージから『結婚する？』って、手話もなく普通に言われて、**えっ!? このタイミングで、**とビックリしました」

これは、少しリョージ君の肩を持たせてください。聴覚障害がある皆さんを取材すると、皆さん、「持ってまわった言い方」は苦手。できるだけ端的に短く伝えようとされます。

そりゃそうですよね。手話であろうが口話であろうが、**エネルギーがいる**のですから、そんな長々とコミュニケーションをとるのは難しいわけですよ。

では、そのリョージ君からのプロポーズにランマさんはどう答えたのでしょうか？

「ウンウンって」

答えも、超・短いがな！　傍らで、リョージ君は寂しそうに答えました。

「今思えばオッケーという感じでもなかったですね」

ちゃんと結婚できたんだから、今になって落ち込まないの！

さて、そんなリョージ君に聞きました。

——その後、ランマさんのご両親に結婚のお願いをしに行かれたと思いますが、どんな風にお話をされたのですか？

「初対面ではなかったものの、メチャクチャ緊張してました。もちろんスーツ姿で、ご両親の前に正座して、手話を交えながら、結婚させてくださいとお願いをしました。お母さんからは『よろしくお願いします』と言われ、お父さんは黙って頷いておられましたね」

ランマさんがそこに補足します。

「お母さんはグッときたようで、泣いていました。お母さんは以前から指文字だけは知っていたんですが、お父さんはこの後、地元の手話サークルに通い始めて、今では、リョージと手話でスムーズに会話できるようになっています」

それ、いい話だなあ。お互い少しでも歩みよる努力をする。それがよりよい社会を創ることにつながるのだと思います。

さて、耳の聞こえない夫と、耳の聞こえる妻。二人に何か問題はないかと聞くと、夫婦ともども顔を見合わせ、たいした問題などないと言う。たぶん、大枠においてはそうなんだろうと思います。でも、細かな部分はどうなのでしょうか?

そこで、妻・ランマさんに、夫に内緒で日記をしばらくつけてもらいました。ランマさんの胸の内が、自然に透けてくるように思いました。

◎日記一日目（土曜日）

今日はインタビューを受ける日。ソワソワ。

待ち合わせ場所につき大谷さんと合流。席につくまでに勉強か仕事をしている人がちらほら見える。静かめの場所だなあ……夫の声の大きさ大丈夫かな……と思ったけど、インタビューが始まる前にそれを伝えてしまうと、きっと気にして話しにくくなると思い、言わないでいた。

案の定、話の途中で夫の声が急に大きくなった。「声の音量調節って難しいよね」と、いつ言おうかなぁと迷う。その後も何度か夫の声は大きくなって、途中《声控えめにっ！》という合図を出した。すると、大谷さんが、この夫の声の大きさを話題にしてくれた。

自分の声がどう聞こえているのか、どう声の大きさを調整しているのか、その方法をどう身につけたのか……夫がどんなふうに聞こえているのか、私もまだ分からないでいる。

帰り、梅田駅で夫としゃべりながら歩いていた。「あんなところにお店できてたんだね」と後ろ側を振り向きながら話していると、前のほうから走ってくる人の足音が聞こえて、私は前を向いた。その人が私と夫の間を通り抜けられるように私は動いたが、その人は夫にぶつかって行ってしまった。

夫は「ぶつけられたな」と言っていたが、足音が聞こえていれば避けられたのかなぁ。まあ、こちらも前向いてなかったし、ぶつかってきた人も無茶だったし、お互い様ということで。

近所のパン屋さんでパンを購入して帰宅。トースターであたためている間に夫はテレビを見始める。

キッチンから実験的に軽く声をかけてみるも反応なし。これくらいの大きさではテレビに負けるかぁと思い、少し声を大きくして呼んでみると、音は聞こえたようでこちらを向く。

声と手話で「コーヒー飲む？」と聞いた。

パンを食べながら録画していたドラマを見る。字幕つき。ちなみに夫は『相棒』が好きである。

そのあと録画していた音楽番組を見る。最近やたらいろんな音楽番組を録画してくれている。私が音楽好きだからか。私はＣＭやラジオや音楽番組から自然と音楽が耳に入ってくるが、夫は意識的に音楽情報をゲットしようとしているのだろうと思う。

夜、夫は、手話を始めたことで出会えた他大学の同期の友人との新年会。今日のインタビューでも話があったが、卒業後も集まれるような友だちができてよかったねぇと改めて思う（笑）。

帰宅後、テレビでスポーツの特集を見る。

いいところでＣＭになり、夫はお風呂にお湯を溜める準備をして、トイレに行こうとしていた。その時ＣＭが終わったため、「始まったよ！」と声をかけたらトイレに行くのをやめて部屋に戻ってテレビを見始めた。

聞こえる人なら、CMの間にテレビから離れて作業する時もテレビの音を聞きながら動き、CMが終わったと分かったらテレビの前に戻ることができるから、いちいち確認しないといけないのは手間だなあ。

☆　☆

これが彼らの日常。きっと少し面倒だけど、何ともとても温かい。

まずランマさんは、この一日目の日記をボクに送ってこられ「こんな感じでいいですか?」と尋ねられましたので、無理なき範囲で続けてくださいとお願いをしました。以下、その後の数日間の日記です。

◎日記二日目（日曜日）

今日のメインイベントは、「講演会」。

私たち夫婦（特に夫）が好きな作家さんの講演会があるということで、夫が申し込んでいたもの。インターネットでの申込時に、聴覚障害があることと、可能なら講師の口が読み取れる席にしてもらいたいことを伝えていたようだ。でも、特に主催者側からの返信はなかったとのこと。

会場に向かう道中、「席、用意してもらえてるかなあ」と夫が言うので、私は「ないんちゃう（笑）」と返した。申込の返信がないくらいだし、期待しないほうがいいと思ったのだ。

会場につき、受付で名前を伝えると、なんと！　スタッフさんが「あ！　来た！」と笑顔を見せて席を案内してくれた。しかも最前列、演台の目の前！　見やすそう〜！

あとから分かったことだが、前二列に座っていた私たち以外の人たちは何度も講演に参加している人ばかりで圧倒され、少し居づらかったのはここだけの話。

講演が始まってからは、私は何もフォローしていない。夫は必死に聞き、必死に講師の口を読み取っていたようである。途中ではメモも取っていた。だが、他のお客さんが笑っているポイントで、夫はあまり笑わないため、私は（話の内容分かってるのかなあ）と少し心配した。

講演終わり。講師の本を読んでいたため、概ね内容は分かりやすかったようである。あまり笑っていなかったのは、自分が笑ってしまうと自分の笑い声で講師の声が聞こえなくなるからとのこと。また、お客さんの笑い声により講師の声が聞こえなくなっていたそう。他にも、聞き慣れない言葉は聞きまちがえていたことが終わってから分かる。

前の席を用意してもらえたことはとてもありがたいこと。夫はある程度口を読み取ることができ、聞こえる音もあり、講師の本も読んでいたため話す内容も概ね想像でき、今回の講演を楽しむことができたのかもしれない。

でも、全然知らない人の講演だったら？　口が見えにくい場所だったら？　満足に楽しむことはできないかもしれない。

聴覚障害のある人で講演やセミナーなどに参加したい気持ちがあっても参加しづらいと感じている人は結構いるようである。聴覚障害があっても、平等に機会はあるべきなのに。どんなサポートが必要なのか、どんなサポートがあるのかを当たり前に知っている世の中になればいい。

講演のあと、共通の友人とカフェでおしゃべり。彼はジェスチャーや表情が大きく、口も大きく動かし、知っている手話は表しながら話す。夫も楽しそうにしゃべっている。手話はあまりできないとしても、コミュニケーションは成立している。しかも、分かりやすい。

相手に聴覚障害があるから、ではなく、思い起こせば友人は普段からこんな話し方なのかも。誰にとっても分かりやすいっていいこと！

◎日記三日目（月曜日）

平日が始まった。目覚まし時計は、私も夫もスマホのアラームを使っており、同じ時間にセットしている。アラームが鳴るも、私だけ目覚めて、夫は目覚めない。目覚める時は目覚めるのだが、昨日の疲れがあったのかもしれない。

ちなみに寝ている時は補聴器を外している。聴力のいいほうの耳が枕でふさがれてなければアラームも聞こえるみたい。寝ている夫にトントンっとして「じゃ！」と私は仕事へ出かける。

今日は日中に注文していたベッドが届く予定だったが、結果的には業者の手違いで届かなかった。予定時間になっても来ないため、夫が電話で業者に連絡してくれた。もし電話ができなかったら、なぜ荷物が届かないのか分からないまま、ずっと待っていて、もったいない時間を過ごしていたかもしれない。

◎日記四日目（火曜日）

今日の夜ごはんは近所の居酒屋さんでおいしい定食を♪

その居酒屋さんではいつも懐メロが流れており、夫は知っている曲が流れれば認識できるようである。食べ終わって帰宅すると、夫が歌を口ずさみ始めた。

さっき流れていたＳＭＡＰの『ダイナマイト』。「ダイナマイトなハニーでもいいんじゃない♪」のやつである。が、「ダイナマイトサンバディー♪でもいいんじゃない♪でもいいんじゃない♪ふんふんふん〜〜〜」。

つい笑ってしまう。惜しい‼　聞きまちがいがおもしろい。夫がこんなふうにまちがって歌詞を覚えたものを口ずさむことはちょくちょくある。歌や歌詞を覚えるって難しいんだろうけど、こんな聞きまちがいで笑わせてくれるならそれもいいかなと思ったり♪

ちなみに夫の歌は、何を歌っているかは分かるが、音は合っていない。リズムは合っている。そのままキーを下げたらいい感じなのに！　という感じで、音はあっていないけどなんとなくメロディーの上がり下がりに動きは合っている。「どうやって低い声にするのか分からん」と言われるが、説明が難しすぎる！

◎日記五日目（水曜日）

今日はｏ・ｉ・ｏ・ｉの練習日である。

毎週十九時から二十二時まで、イベントに向けたパフォーマンス練習に励んでいます。みんな、仕事や学校終わりに集まっています。仕事でぐったり疲れたなぁ、という時でも、練習に行くと、すっかり忘れていっぱい笑ってエネルギーがみなぎって、帰る頃には元気になっちゃいます！

でも今日は、仕事の疲れがひどく休んでしまいました。夫より先に寝てしまったので、夫とのコミュニケーションはほとんどなしの一日となってしまいました……！

◎日記六日目（木曜日）

夫がスマホでアニメを見ている。夫の補聴器にはブルートゥース機能が備わっているため、音声を補聴器に飛ばして視聴している。

覗いてみると、アニメに字幕はついていない。これくらいなら分かるとのこと。そして夫の近くに行くと、補聴器からばっちり音漏れしていることが分かる。家だからＯＫ！

夫の補聴器みたいにブルートゥース機能がついてる補聴器を、他の人ではほとんど見かけない。聴力にもよるのかもしれないが。補聴器ってどんどん進化するんだろうなあ！　必要な人がもっとリーズナブルに使えるようになってほしい！

夫は私がドライヤーをかけている時に話しかけてくることがときどきある。ドライヤー中は、耳の聞こえる私でもさすがに風の音で声は聞こえない。どんな環境の時に聞こえて、聞こえてないのかってそりゃ分からないよねー。

◎日記七日目（金曜日）

仕事が終わり、帰宅する。夫はｏｉｏｉの会議に出かけているため不在。

テレビをつけると、音が大きくて少しびっくり。本当はこれくらいが彼にとっては、聞きやすいのだろう。ふたりで見る時は控えめにしてくれているのだなと改めて感じる。

テレビはいつも字幕がついている。これに慣れすぎて、わたしも、字幕のないテレビを見ると、分かりにくいと思うようになっているほどだ。

字幕がついているCMはまだ少ない。字幕がついていれば確実に見る人が増えるのに、企業はもったいないことをしているなと思う。聴覚障害の人は特にCMの情報が入っていないと感じる。ある電車の中ではCMが流れているが、電車内のため無音で字幕がついている。字幕のフォントはCMに合ったものになっている。これができるなら、テレビのCMでもできるだろ！　と思う。文字があると人は自然と読んでしまうと思うのになぁ。

☆　☆

以上が一週間のランマさんの日記です。

決して長くはない文章ではありますが、そこから、多くの気づきをもらいました。ランマさん、ありがとう。ランマさんとリョージ君、しっかり寄り添い、しっかり支え合っていることがよく分かります。

が！　ランマさんにだって不満はあるでしょ、不満が！

さあ、ここで遠慮なく爆発させちゃってください。

「うちには部屋が三つあるんですよ。夫がこっちの部屋で仕事をしていて、私は私で別の部屋で仕事をしている時に夫が聞いてくるんですよ。『これって、こうなんやんなぁ?』って。そこで、たとえばそうそうって、その場で返事をしても彼は聞こえないんですよね。そこで、わざわざ私のほうが彼のところまで行って、そこはそう、ここはこうと説明しなければならない。**なんで私が行かないといけないの!? お前が来いよ!** と思いますね」

——そうしたケースはよくあるんですか?

「もう、メチャクチャあります!」

えっと……末永くお幸せにお暮らしください。

5 おならは「音」じゃなくて「臭い」！

〝聴覚障害者あるある①〟

さて、このコーナーでは、個別にご紹介するメンバー（リョージ・ランマ・アカリ・ノブ・チータン・タク）以外にも、手話エンターテイメント発信団ｏｉｏｉの中の聞こえない仲間たちに集まっていただき、さまざまな**聴覚障害者あるある**を語っていただきます。

新たに集まっていただいたのはタモリ（男性・三十四歳）、コバ（男性・二十八歳）、トム（男性・二十歳）そして、ｏｉｏｉのメンバーでこそありませんが、今回のこの本のために皆さんのいい表情を撮影してくださった女性カメラマンさん。彼女も聴覚障害者ですが、そんな性別も年齢も違う皆さんに、座談会形式でお話を伺いました。

しかし、このコーナーではあえて、誰が、どう発言したかを、あまり詳らかにはしておりません。なぜなら、こんな質問もしているからです。

・自分でする「おなら」の音は聞こえているの？

・「愛のささやき」を、ささやかれても困らない？

・「ＡＶ（アダルトビデオ）」は見ますか？　などなど

よくぞこんな失礼な質問を重ねたものだと我ながら思うのですが、せめて、発言者のプライバシーは何としても守らねばなりません。そこで、取材源は秘匿させていただくのでございます。

まぁ、そこまで仰々しく宣言するほどのことではないかとも思いますが、実際にその座談会の様子を再現すると、こんな感じになるのです。

――今誰か、お腹鳴ったよね？　みんなは聞こえた？　聞こえないか。あっ、でも他人のお腹の鳴る音は聞こえなくても、自分のお腹の鳴る音はどうなの？　聞こえるの？

参加者①「**そりゃ、聞こえますよ。**自分の〝中〟から鳴っているんだから。響いているから分かります」

参加者②「振動は感じる。しかし、その音が、まわりに聞こえているかは分からない」

――へぇ～、そうなんだ。って、今の「へぇ」で浮かんだんだけど、おならの音は、自分で聞こえるの（何とも品のない発想力）？
参加者②「それも、お腹の鳴る音と一緒。自分では聞こえているけど、みんなに聞こえているかどうかは分からない。自分では〝すかしっぺ〟をしたつもりでいても、みんなには、聞こえている時がある」
一同「ある！　ある！」
参加者③「マンガで、〝すかしっぺ〟が描かれていたので、おならって聞こえないもんだと思ってた。でも、実際は聞こえてるじゃん。恥ずかしかった。**おならが聞こえると知ったのは、本当に最近**」

最近‼　それは驚愕‼

参加者②「僕は違う音を出していたらごまかせると思ってた。たとえば、床をバン！　と踏み鳴らして大きな音を出して、それに合わせておならをしたら、それでおならの音は分からないと思っていました」

そんなアホな！と思っていたら、同調者も現れた。

参加者④「そうそう！　僕もまわりがザワザワしてたら聞こえないかと思ってた」

そうなんですよね。彼ら・彼女らの中には「聞き分け」が苦手な人も多い。自らの周囲にはさまざまな音が存在しているにもかかわらず、それらの音が混ざり合って〝一つの音〟としてしか耳に入ってこないと言います。

そういう聴覚障害者にしてみれば、他の音に紛れ込ませておならをすればバレずに放屁は可能だと思いますよね。でも、残念ながら聞こえちゃっているのであります。

――その時のまわりの反応は、どんな感じなんですか?

一同「みな、言いにくそう」「遠慮してる」

参加者⑤「食べてる時の音(咀嚼音)もそう。誰も言ってくれなかったから気づかなかった」

参加者③「友人の中には、教えてあげないといけないと思ってくれる人がいて、ちゃんと教えてくれる」

確かに、それが優しさなんでしょうが、**教えるには勇気がいる。**ある程度の関係性が構築されていないと難しい気もするのですが、皆さん、いかがでしょうか?

ところで、健聴者の皆さんも、気をつけてください。油断してはなりませぬぞ。

参加者③「私の歴代の彼氏がみなよくやったのが、私が聞こえないと思って、私の横でおならをする

んです。でも、すぐ気づくって！　だって……臭うから！　**おならは音の問題とちゃうん**
です！　臭いの問題やから!!」

確かに！　この言葉は、この日の金言となりました。

6 見つめ合う機会が多いからかも！

〝アカリさんの場合〟

ほぼ全く聞こえないレベル

続いてお話を伺ったのは、大向明里さん。

ｏｉｏｉでのニックネームは「アカリ」。一九九三年生まれで、今年二十六歳。彼女は既婚者で、後程、彼女の夫にもご登場いただきますが、その夫が、彼女を初めて見た時の印象を「小型犬」「チワワ」と称したのは、実に的を射ていると思います。

ところで、彼女の聴力は百。ほぼ全く聞こえないレベル。

補聴器をつけても六十〜七十程度ということですので、今回は前項でご登場いただいたランマさんに同席していただき、手話を介してお話を伺いました。そのため、手話ができないボクは、どうしてもテンポよくインタビューできない。その様子を紙面でも感じていただきたいので、アカリさんの話す内容にはひらがなを多用しました。

だからと言って、アカリさんのお話の内容が〝子どもっぽい〟わけでは決してないので、そこは誤解なきようお願いいたします。ひとえに、ボクが手話ができない故の苦肉の策ですので、ご容赦ください。

――まず、アカリさんの耳が聞こえなくなった原因は何かあるんですか?

「わたしがおかあさんのおなかの中にいるときに、おかあさんが風疹にかかりました。わたしが生まれて六カ月けんしんのときに、おかしいなぁ、聞こえてないのかなぁ、となって、何か所かびょういんにいって分かりました」

やはり風疹は怖い。妊婦が妊娠十週までに風疹ウイルスに初めて感染すると、九十パーセントの胎児にさまざまな影響を及ぼすと言われ、聴覚障害もその影響の一つです。

ですから最初にご紹介した遺伝が原因のリョージ君とは違って、家族は全員健聴者。アカリさんには弟さん妹さんがおられますが、家族で聞こえないのはアカリさんだけ。

自分が人とは違うなと思ったのは、いつ頃ですか?

「三さいになるまえ、じもとの保育園にかよっていたとき、まわりのひとのいっていることが分からなくて、いやになり、ずっと先生といっしょにいるようになりました。そのころから、まわりとちがうことが分かりました」

一方、家族はほぼ全員手話ができるので、家庭内ではコミュニケーションに不自由はないとのことですが、やはり過去にはいろいろとあったそうです。たとえば弟や妹たちは手話を覚える前に話し出すわけですから、こうなっちゃいます。

「おとうとやいもうとたちの話が分からず、おかあさんにきいてもらって、つうやくしてもらうことがおおかった。そのときはたいへんだった」

思春期に迎える反抗期には……

「りょうしんと、もめることがおおかった」

――何で揉めることが多かったのですか？

「しゅくだいをしなさいだとか、おとうとやいもうととケンカをしないで、もっとやさしくしてあげなさいだとか、しんろのこととか。きこえないことをもっと分かってほしいと、もめたこともあった」

――どんな風に揉めたんですか？

「じぶんのきもちを分かってほしいけれど、それを分かってくれなくて。ものをなげたこともあった。ほんだなのガラスをけって、わったこともある。そのときはおとうさんもおこって、けっきょく、なにがげんいんだったかはわすれたけれど、おおきくもめたことはおぼえている」

――その後、お父さんとは、仲直りをしていますか？

「おかあさんとは、なかよし。おとうさんと、もうもめることはないが、いまもいいあうことはある。おとうさんとわたしと、せいかくがにているので。たとえば心配しすぎることや、がんこなこともちょっとにている」

お父さんが〝心配し過ぎる〟のは、致し方ないのでは？　こんなかわいい娘さんがいたら、誰だって心配。

そんなアカリさんは三歳からろう学校に通いますが、学校に行きたくないと思うことはたびたびあり、一週間授業に出ないこともあったそうです。中学校入学後も、ほぼ毎日泣いていたというのですから、そりゃもうお父さんは気が気じゃありません。

しかし泣き虫のアカリさんも、そんな自分を変えたいと中学二年生の時に演劇部に入ってからは、次第に明るい性格に変わっていきました。その当時に、今のｏ・ｉ・ｏ・ｉで活動する素地ができ上がっていったのでしょうね。

さて十八歳でろう学校は卒業。就職を希望していたアカリさんは、意外とたくましく実社会へと歩みを進めたのであります。

「しゅうしょく希望をせんせいにつたえて、とくれい子会社というのがあると聞いてさがして、じっしゅうにもいって、このかいしゃ、いいなぁとおもって、しけんをうけて合格し、はいった」

――社会に出ていくことは怖くなかったですか？

「わたしのしょくばは手話をつかえるかんきょうだったので、おおきな心配はなかった」

就職試験の際にも手話があり、面接も手話でコミュニケーションを取りながら行ってくれたとのこと。実際入社してみると、やっぱり手話のできない人もいて、今の彼女の上司もそうだということですが、筆談でコミュニケーションは十分とれているそうです。

正直、彼女が勤めているのは大きな金融機関の特例子会社なので、ここまでしてくれているのかなとは思いますが、月並みではありますけれど、やはりこうした職場がさらに増えていくことを望みます。

さて彼女は、この職場でとても大きな出会いがありました。一生の伴侶に出会ったのです。大向孝明さんです。アカリさんの第一印象はこうでした。

「おおきくて、優しそうなひとだな」

まさにその通りの人でした。

LINEさまさまですよね

「しょくばでおなじ委員会にしょぞくしていました。手話ができるひとがやめて、そのあと、かれが手話をしてくれて、ありがたかったです」

アカリさんの二十歳の誕生日から二人はつきあい始めますが、その後、一カ月も経たないところで「この人かな?」と結婚を意識したアカリさん。しかし孝明さんにも障害がありました。十歳から車いすでの生活を余儀なくされているのです。孝明さんは、こう振り返ります。

「小学校で、ぜんそくの発作に襲われました。病院に運ばれて点滴と吸引でいったんはおさまったんです。そこで家に帰ったら、また発作。あまりにつらくて、僕はその後二日間ほど記憶がありません。ようやく目覚めて、起きてトイレに行こうと思ったら、足に力が入らないんです。原因ですか？　それは分かりません。ぜんそくが原因なのか、その際投与されたお薬が原因なのかも全く分かりません。その後、即、車いす。半年ほど入院していましたが、その頃、僕は中学入学までには治るかなと漠然と思っていたんです。しかし結局二年経っても治らない。その頃からは、ああ、もう一生歩けないんだろうなと徐々に納得していきましたね」

孝明さんは身体障害、アカリさんは聴覚障害。お互いが障害のある身で、結婚に対して不安はなかったのでしょうか？　まず孝明さんです。

「不安はなかったですね。僕もある程度は生活ができるようになっていたし、彼女も聞こえないこと以外は何も問題ないと思っていましたしね」

一方、アカリさんです。

「ふあんはなかった。たしかに、できること、できないことはあるけれど、**できることはやって、できないことは助け合っていけばいい**かなとおもっていたので、ふあんはなかった」

親御さんの反応はどうだったのでしょうか？

まず孝明さんです。

「うちの両親は何も言わなかったですね。両親は娘をほしがっていたし。反対されることは全くなかったですね」

――アカリさんは、孝明さんのご両親とどうやってコミュニケーションをとっているのですか？

「ひつだんしたり、スマホのメモをつかったり。また、けっこんをきかいに、おかあさんがじもとの手話がっこうにかよってくれて、かんたんなことは手話でもつたえてくれるようになった」

――一方、アカリさんのご両親の反応は？

「おかあさんは、いいといってくれて、りかいをしめしてくれた。おとうさんは、さいしょははんたい。きこえないもの同士のけっこんがいいといっていた。手話があるので、そのほうがコミュニケーションがとりやすいから。こどもがうまれて、おとうさんとそのこどもは会話ができて、おまえだけがとりのこされるのがしんぱいだといっていた。わたしはそれでもだいじょうぶと、なんどもなんどもせっとくをして、おとうさんもみとめてくれた」

やっぱり、そうしたやりとりがあったのですね。お父さんの心配もよく分かります。娘の結婚相手がどんな人であろうと、心配は心配なんです。

ところで二人は、そうした障害がありながらも、どうやって愛を育んだのでしょうか？

――失礼な質問ですが、孝明さんが愛を語ってもなかなかアカリさんには届かない。それが愛のささやきであればなおのこと届かないかと思うのですが、そこはどうされたのですか？

「ＬＩＮＥです。**ＬＩＮＥがなかったら、つきあっていなかったかも**」

――なるほど。無料通話アプリのＬＩＮＥね。文字情報だけでなく、スタンプと呼ばれるキャラクター画像も送れる。確かに、アカリさんとのコミュニケーションには便利なツールですよね。

「そうです。メールと違って、送った情報を相手が見たか見ていないかが分かる。あたかも会話のようにコミュニケーションが取れました。もうＬＩＮＥさまさま、ですよね」

ということは、お二人のＬＩＮＥには甘い言葉がたくさんたくさん残っているはずだと思いますが、流石に見せてくださいとまでは言えませんでした。きっとこっちのほうが恥ずかしくなるのに決まっているから。

さて、愛を育むにはＩＴの力を借りた。では、プロポーズはどうしたのか？

プロポーズは孝明さんからだったそうですが、そこは流石に面と向かって手話でされたそうです。手話を文字化するのは大変難しいんですが、ちょっとチャレンジ。

まず、最初に孝明さんが示したのは、胸の前で両手でハート型を作った後、右手の小指を立てます。そして今度は、手のひらを上に見せながら左手を水平に出し、その左手をあたかも、まな板に見たてるように、右手を縦に振り下ろします。

やっぱり、手話を文字化するのは、難しい。しかしこの手話に、アカリさんは驚いて固まってしまったのです。それはなぜか？

両手でハート型を作った後、右手の小指を立てるのは「彼女」を意味します。そして、左の手のひらを上に向けて水平に出し、それを右手で切るように縦に振り下ろすのは「やめて」を意味するからです。続けると**「彼女をやめてほしい」**と手話で伝えたのです。

ガ～ン！　そりゃ、アカリさんは固まる！　孝明、それはないんじゃないの⁉

しかし、手話はまだ続いたのです。小指を立てて、ひねりながら前に出し、続いて両手を胸の前でエックス型に交差、さらに右手の親指と人差し指を開いた形であごのところに持っていき、閉じながら下げます。

重ねて書きますが、やっぱり手話を文字化するのは難しい。

実はこれで「お嫁さんに　なって　ほしい」を表すのです。前半から続けると「彼女は、もうやめにして、僕のお嫁さんになってほしい」となるわけです。

ヒュ～ヒュ～！　孝明さん、いいプロポーズじゃないですか！　先ほどは呼び捨てにして大変失礼しました。

さて、これに対してアカリさんは手話でどう返したか？　アカリさんは、右手の小指を立て、自ら

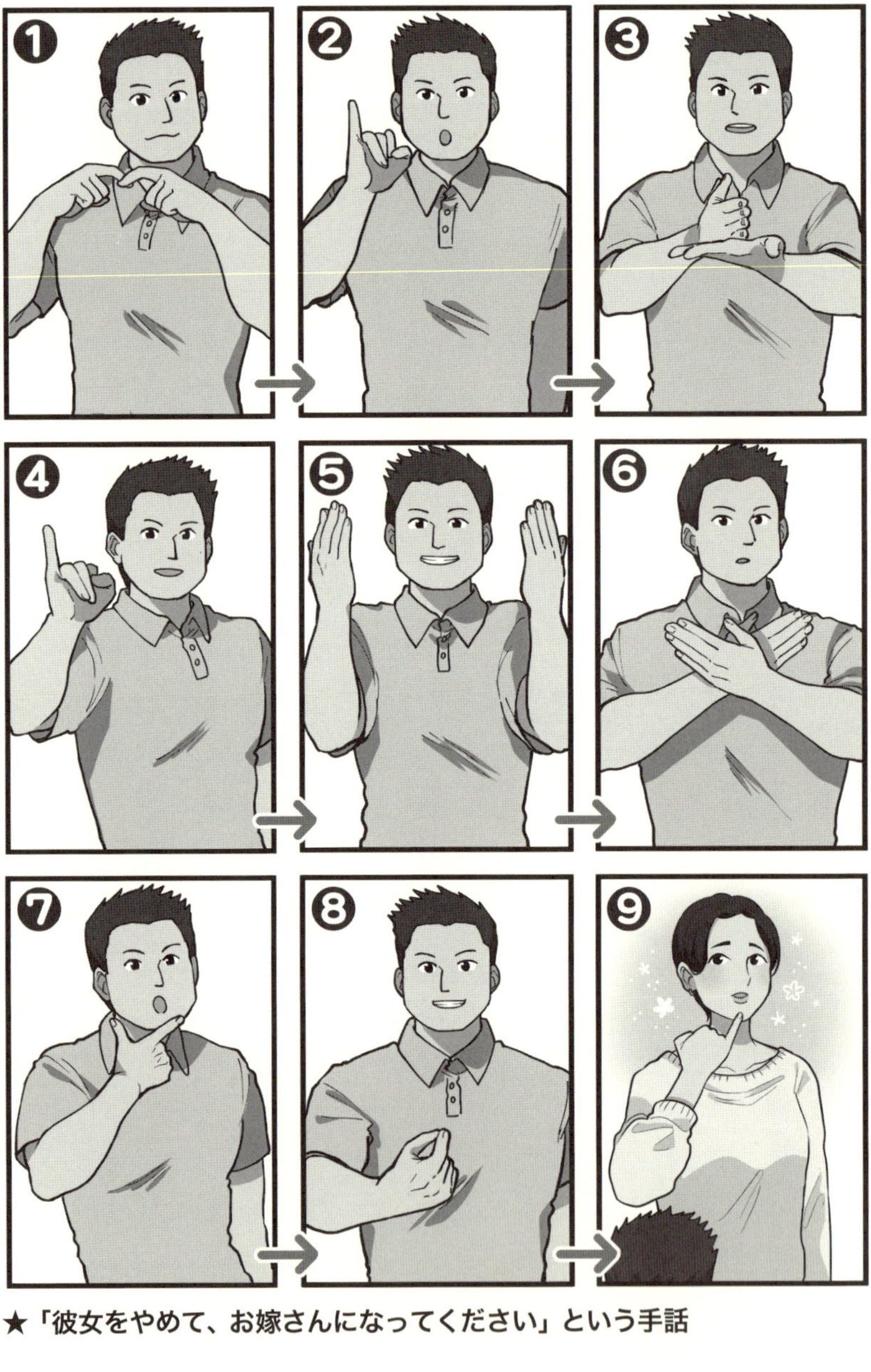

★「彼女をやめて、お嫁さんになってください」という手話

のあごのあたりをチョンチョンと二度触れました。

そして、そして、そして、え～っと、これでおしまい。

ええ！　これだけなの？　その手話はどういう意味なんですか、アカリさん！

「いいよ！　といういみです」

その返事に孝明さんが、突っ込みます。

「さっぱりし過ぎでしょ。物足りないですよね」

思い切り頷いてしまいました。

リョージ君の項でも申し上げましたが、聴覚障害のある方は、できるだけ簡潔にコミュニケーションを取ろうとされます。でもせめてプロポーズの時ぐらいは、もう少し言葉を足しませんか？

そう言うと、アカリさんはその後の会話をコッソリ教えてくれました。

「そのあと、わたしでいいの？　ってきいて、かれは『ウン！』というから、ハグしました」

はいはい。聞かんかったらよかった。やっぱり、こっちまで恥ずかしくなります。

普通にお互いを見ていますよ

とはいえ結婚から二年半が経ち、そろそろお互いに不満の一つや二つはあるでしょ。ここで吐露しちゃいましょうよ。語って楽になんなさいよ、と取調室のように水を向けると、まず孝明さんから……。

「外に一緒に出掛けると、僕が周囲の方々とコミュニケーションをとるというか〝通訳〟をする。それが当たり前というか、そんな空気になる。一方で家に帰ると、僕が通るところに荷物が置いてある。そこ、車いすが通るところなのに。そこには置いてほしくないという場所に置いてある。僕は外で通訳としてがんばっているのだから、車いすのことをもっと理解してほしいと思うこともありましたね」

なるほど。でも過去形ということは、今はずいぶん改善されたのでしょう。一方、アカリさんのほうは……。

「ひとつだけ。**おこっているときも手話をつかってほしい。**むずかしいとおもうけれど。ときどきおこられるけど、その理由が分からないので、なににおこっているのかが分からない。それがこまる」

確かに。孝明さんに聞きました。

――怒ると手話がおろそかになるんですか？

「僕も全ての手話ができるわけではないので、一番伝えたいことが手話では表現できないことがあって……。で、通じないことでまた腹が立ってきて、手話をせずに、コミュニケーションそのものをシャットダウンしてしまうことがありますね」

――その際は、関係をどうやって修復するんですか？

「一日、二日寝て、会社で友人とおしゃべりをしてガス抜きをして、特別謝ったりはしませんが、またいつものように話し始める、といった感じですかね」

車いすの夫に、聴覚障害の妻。たぶん、我々が想像する以上に「面倒なこと」「不便なこと」「困ったこと」「腹の立つこと」があると思います。

実際、二人の口からもこうやって出てきたわけだけど、なんなんだろうか、それが決定的な亀裂にまで発展しないだろうことが分かります。

二人のキャラクターに依るところも多いのだと思うのだけれど、お互いがお互いの「足らない」ところを知り、その「足らない」ところを支えたいと思っていることが、ひしひしと伝わってくるから。

インタビューが終わった夜、アカリさんからＬＩＮＥが来ました。

「一つ伝え忘れていたことがありましたので、ＬＩＮＥでお伝えします。聴覚障害と車いすとで不便を感じることはあるか？　という質問がありましたよね。その際は思いつかなかったのですが、帰りに思いつきました。夫と一緒に歩いている時、夫は車いすを手で漕いでいるため、（手話で）話せるタイミングが限られているのです。健聴者同士、ろう者同士は歩きながらさまざまなコミュニケーションを取ることができる。しかし、ろう者と車いすは歩きながらのコミュニケーションは厳しいので、話をしたくても話せないのがデメリットです」

（ほぼそのまま転載させていただきました。当然ですが、大人の女性の素敵な文面。インタビュー部分はひらがなを多用して表現しましたが、あくまでイメージが伝わるようにという演出ですので、アカリさんごめんなさい。そして皆さま、ご理解のほど、よろしくお願いいたします）。

そうなのです。アカリさん夫婦は、お互い話をしたいのです。まちがいなく二人は仲がいい。

だからこそ、お互い不満を感じていても決定的な亀裂にはならないと思います。それはリョージ君・ランマさん夫婦もそうです。ではなぜ、彼らは他の夫婦に比べるとコミュニケーションの手段に問題がありながらも、そんなに仲よくいられるのか⁉

ボクは分かっちゃいました。

まちがいなく言えるのは、他の夫婦に比べて、**お互いを見つめ合う機会が格段に多い**ことです。

そりゃそうですよね。彼らのコミュニケーションの手段に〝口を読む〟があるので、聴覚障害のある夫婦のどちらかは、一生懸命相手の口元を見る。もう片方は、ちゃんと相手に口元が見えるような位置取りをする。すると自然にお互い見つめ合う機会が増える。これが仲よしの秘訣に他ならないのだと思います。

どちらの夫婦も言いました。

「見つめ合う機会が多い？　そりゃそうかも！　普通にお互いを見ていますよ」

どうですか？　最近ちょっと倦怠感が溢れているなというカップルの皆さん、ここはお互い、しっかり見つめ合ってみましょうよ。きっとドキドキ感が復活してくると思いますよ。

ただし！　そこで「お前、最近シワ増えたな」なんてこと、絶対言っちゃダメですからね！

7 聞こえない世界を体験してみました

単に音を大きくしても……

「ブラインドウォーク」という体験をされたことはありますか?

ボクは、コミュニケーションのセミナーや講座をお願いされた際に、よくこのワークを参加者にしてもらいます。

まず、二人一組でペアになってもらい、一人は目をつむり、もう一人は目を開けたままの状態でいてもらいます。目を開けたままの人が、目をつむった人と、セミナー会場を一緒に歩くという単純なワークです。

目をつむった人は、目を開けている人の肩に手を乗せて、その目を開けている人の先導で会場内を歩きまわります。

目をつむっている人は、ちょっとだけですが、やっぱり怖い。その怖さを軽減してあげるためには、目を開けている人が、「ここに机があるよ～」とか「今から右に曲がりますよ～」と声掛けをしてあげねばなりません。

このワークは、これで終わりではありません。ここからが本番。

今度は、目をつむっている人は、目を開けている人の肩から手を離して、一人で歩いてもらいます。もちろん目を開けている人が指示を出しながら、その指示に従って歩いてもらうんですが、これが怖い！

目をつむっている人は足がすくむ。普通の一歩が踏み出せない。そこで、目を開けている人はいかにタイミングよく的確な指示を出すかが問われるわけです。

たとえば、まず全体の構想を明らかにします。「今から右まわりに大きく会場をまわっていきましょう」とかね。そして、加えて目先の状況を伝えます。

「一メートル先に机があります」「足元に少し段差があるので気をつけて」とかね。

しかしながらただ指示を出せばいいって問題じゃない。

「おっ、うまいね！」とか「大丈夫！　僕がちゃんと見ているから」とかの誉め言葉や、励ましの言葉も盛り込んでいかねば、なかなかスムーズには歩いてもらえない。だって、本当に目をつむっている人は怖いんですもん。

そこで、こうした声掛けの重要性を認識してもらい、部下や新入社員とのコミュニケーションの取り方を学んでもらうというのが、このワークの狙いです。もちろん、視覚障害のある部下との接し方も、少しはこのワークで学んでもらえると思います。

というように、人は、目さえつむれば、瞼さえ下ろせば、とりあえず視覚を遮断できます。本当にただの一瞬ではありますが、視覚障害者の世界を味わおうと思えば味わえる。

そんな一瞬で何が分かるんだというお怒りの声が飛んでくるとは思いますが、とりあえず、とりあえず、光のない世界を体験しようと思えば、目をつむる、アイマスクをつけるなどすれば、それなりにできなくはありません。

車いすの体験も、やろうと思えばできます。ボクも「車いす半日体験会」なるものに参加して、車いすのまま街中を散策したり、電車に乗ったりしました。車いすの方の視線って、こんなに低いんだ。大勢の人の中では視線が遮られ、何だか**深い森の中にいるような孤独と怖さ**を感じる。そんな感想を持った記憶があります。

では、聴覚に関してはどうでしょうか？

聴覚障害者が日々暮らしている世界を体験するのはなかなか難しいぞ。目のように、つむれば「光のない世界」を体験できるというわけにはいかない。耳を、こう折り畳んで……とカバやオットセイのようにできるわけはない。

さてさて、その「音のない世界」「音のきわめて聞こえてこない世界」を体験するにはどうしたらいいか？

思いつくのは耳栓ですよね。これなら簡単に手に入る。「ロフト」に行って、旅行グッズコーナーを覗けば、ちゃんとありました。それも、そこそこ種類がある。スポンジ製やシリコン製など。「勉強や旅行中、水泳にも」といったキャッチコピーが踊ります。

ボクはその中から「何度も洗える」ことを売りにした「耳栓ロケッツ」なる商品を購入。確かにロケットのようにも見えますが、明治「きのこの山」「たけのこの里」といった感じ。

実は、ボクはどこにいてもすぐに眠ることができるし、勉強中もシーンとしているよりは薄くBGMが鳴っているほうが集中できるので、耳栓など一回も使ったことがない「耳栓初心者」。ちょっとだけ意を決して、耳に入れてみました。

うん？　どうなの？　これで合ってるの？

まだ全然聞こえるので、もう少し深く入れてみる。耳の奥が空気で少し押される感じ。今、この原稿は耳栓をしながら打っているのですが、BGM代わりのラジオはまだ聞こえる。

ただ、パソコンを打つキーボードの音はなくなった。その一方で、耳の奥がジーーーーーっと何か鳴っている感じ。たとえるなら、秋の夜にオケラが鳴いている感じ。って、オケラの鳴き声、皆さん、ちゃんと聞いたことはあります？　まぁ、聞いたことがある人に分かってもらったらいいや。

とりあえず、この耳栓をしたまま、街中を歩いてみることにしました。

大阪・梅田の地下街。平日だって大勢の人が行きかっています。

ボクの前を歩く女子高生。友だち同士なのでしょう。楽しく会話しています。そう、この耳栓をしていても会話をしていることは分かります。ただし、その詳細な内容までは聞き取れない。でも、楽しそうなのは十分分かります。

地下街を歩いていても、さほど違和感はないので、そこから地下鉄に乗ることに。ホームに電車が入ってくる音はもちろん聞こえますが、少しマイルドにはなっています。

ドアが開いて車内に。

同じ車両の中で、誰かがくしゃみをした。それも分かります。次の駅名を伝える車内アナウンスが流れますが、ほぼ問題なく聞こえました。そりゃそうですよね。「旅行のおともに」とうたっている耳栓ですから、車内アナウンスが聞こえなければ、乗り過ごしてしまいますものね。

というように、市販されている耳栓で「音のない世界」を体感するのは難しい。そこで、何かいい方法はないかと、知り合いの「補聴器アドバイザー」を訪ねることにしたのです。

音がほぼ聞こえない世界へ

大阪市天王寺区、近鉄大阪上本町駅から五〜六分のところに店舗はあります。

お店の名前は「ザ・補聴器専門店・中村」。ここの社長の中村雅仁さんに、「音のない世界を体感する方法はないか?」と相談に伺ったのです。彼は大手補聴器メーカーでキャリアを積み、認定補聴器技能者なる資格を持つ補聴器のスペシャリスト。

補聴器を使って衰えた聴力を回復できるなら、その逆もできるはずと、無理なお願いを快く（とボクはそう思っているのですが）引き受けてくださいました。

まず中村さんに、いわゆる市販の耳栓をつけると、どこまで聞こえなくなるのかを聞きました。

「**一般的に売られている耳栓をつけると、聴力で言うと二十〜三十デシベル程度になる**と言われていますね」

えっ⁉　ちょっと待ってください。

もう一度、皆さんにご説明しますが、健聴者が聴き取れる最も小さい音が〇デシベル。そこから、その数字が大きくなるほど、聞こえにくさもアップしていることを示します。

先ほどご登場いただいたアカリさんの聴力は百。補聴器をつけても六十〜七十程度ということでした。またｏｉｏｉの聴覚障害のあるメンバーの中で一番聞こえるというリョージ君ですら、左耳で五十二デシベル、右耳で九十六デシベル。

すなわち、ボクが耳栓をつけて体験した世界は、彼ら・彼

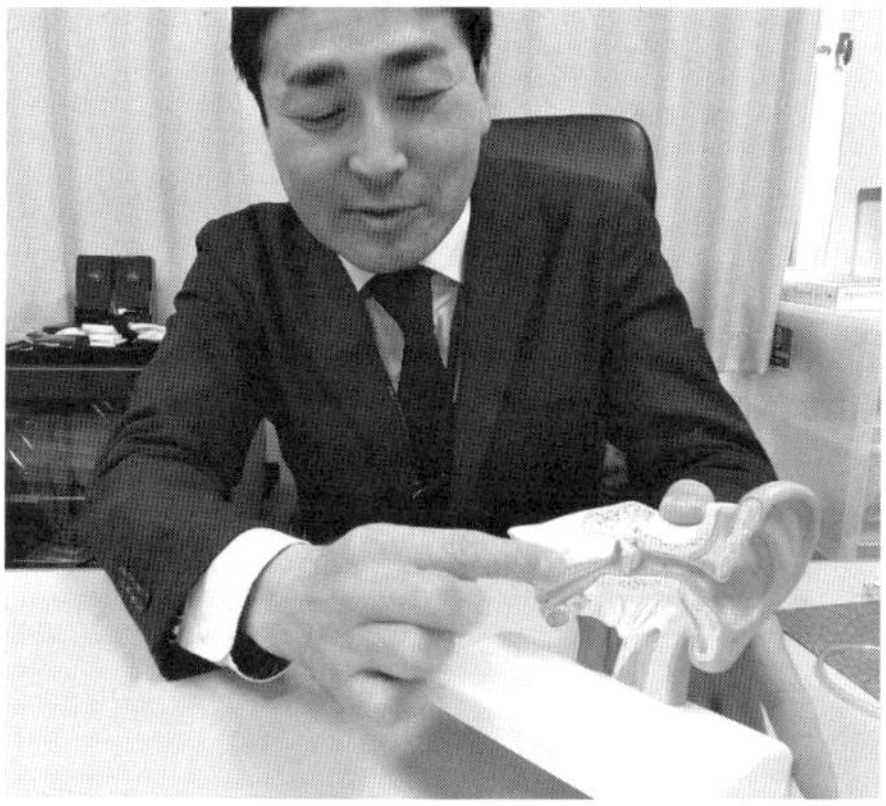

★補聴器アドバイザーの中村雅仁さん

女らがいつも経験している世界に比べると、まだまだはるかに音に溢れている世界だというわけです。

では、「音のほぼ聞こえない世界」を体感するにはどうすればよいか。中村社長が知恵を絞ってくださいました。

「オーダーメイドの補聴器を作るには、まず耳の型を取ります。その際、アクリル樹脂やシリコンなどからなる〝印象材〟と呼ばれるものを耳に注入して、耳の型を取るんですが、耳の形状にキッチリと合うように隙間なく、完全に蓋をするようにするんです。それでたぶん、中度難聴程度の聞こえない世界は再現できるかと思います。さらにその上から、ヘッドホン型のイヤーマフを装着すれば、高度難聴程度の聴力になるんじゃないでしょうか」

本来ならば「聴力を上げる」お仕事をされているにもかかわらず、お忙しい中、反対に「聴力を下げる」ことに労力を注いでいただき本当に申しわけありません。

ではさっそく、その方法を試していただきましょう、となったんですが、中村さんが取り出されたのが二種類の粘土のようなアクリル樹脂。それを混ぜ合わせて、入れ歯の固定材のようなちょっとネチョネチョしたものを作り、それを針のない注射器のような容器に入れて、押し出しながら耳に挿入。自分では見えないので、何とも言えませんが、たぶん歯

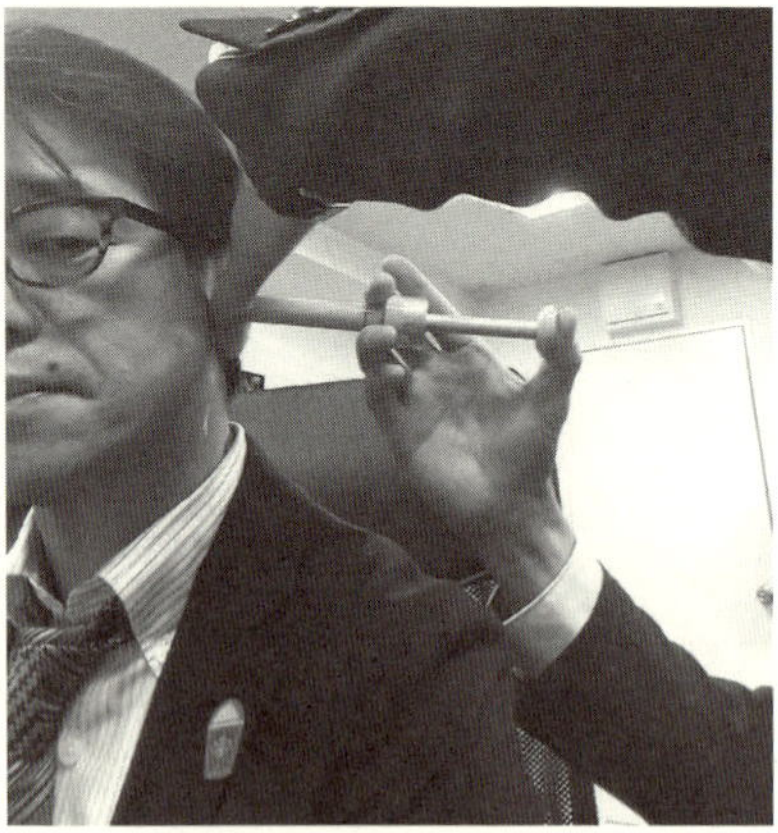

★印象材を耳に注入

磨き粉のような形態になった印象材が、耳の中へとグニューっと入って行く。ちょっと冷たい。

「大谷さんは、真っすぐな耳ですねぇ」

性格も真っすぐなら、耳もそうなんですね、と軽口で返すものの、耳の形によっては、たとえば耳の奥が広がっている人の場合は、この印象材が抜けなくなる可能性もあって、最悪、手術に至るケースもあるとか。資格を持った認定補聴器技能者がいる店でないと、こうした耳型採取はできないそうだ。

そうした情報を教えていただいている間に、印象材は固まっていく。五分もあればでき上がりらしい。

うん!? 確かに変わった。ずいぶんと音が遮断され出したのが分かる。でも、ボクの正面で話をしてくれる中村さんの声はまだ聞こえる。

「イヤーマフをつけてください」

用意されたヘッドホン型のイヤーマフをつける。耳に印象材が入っているので、少し慎重に装着する。

あっ! あたりの空気が一変した。

何なんだろう? ボクが手を伸ばしたあたりにガラスの壁ができたような気がする。正面はもとより、右にも、左にも、後ろにも。さらに頭の上にも。

まるで、大きな金魚鉢の中に入れられた気がします。そのままの状態でテレビの前に立たされる。大型の画面には先ほどからバラエティー番組が流れていたのだけれど、ただの口パクの場面ばかりが永遠と続く。おもしろいはずもないどころか、何を伝えているのかさえ分からない。

　室内を歩いてみると、ボクのまわりの見えない大きな金魚鉢も一緒に動く感じ。その金魚鉢には水はもちろん、空気も入っていない感じで、そこだけ真空みたい。そっか、真空の中では音は伝わらない。真空というイメージはあながちまちがっていないかも。

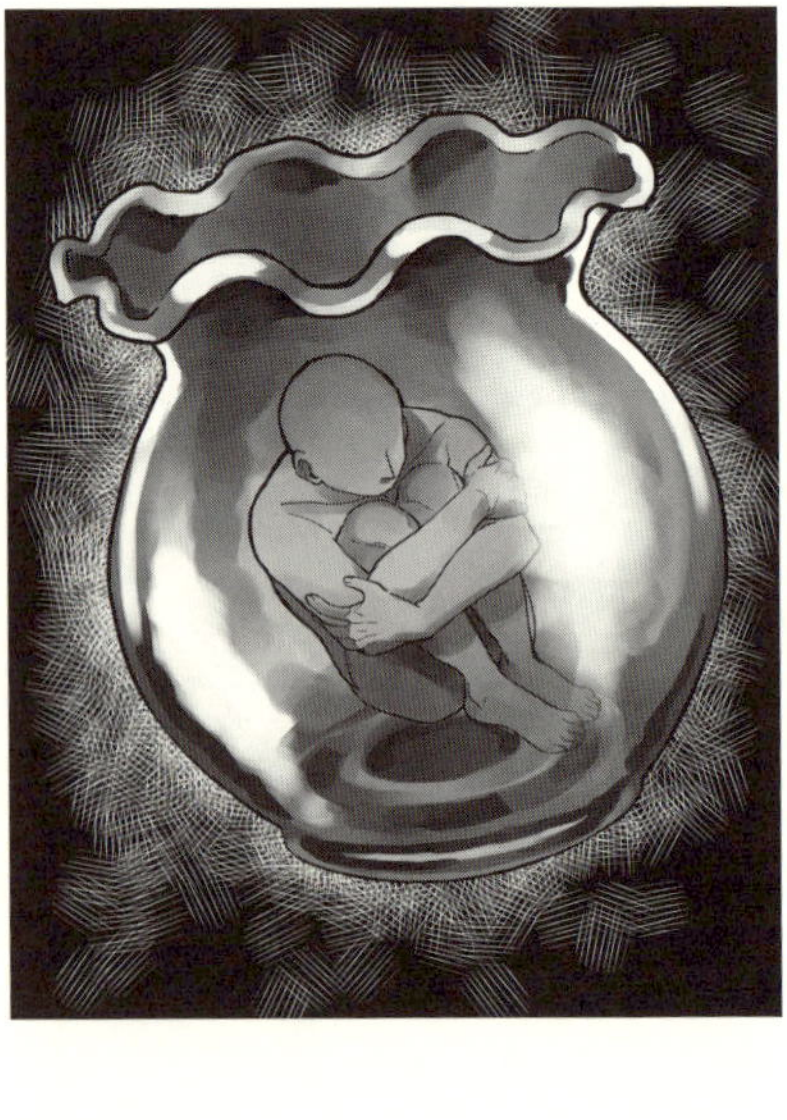

　視覚的には何も変わらないけれど、急に「孤独感」が増す。そこにいるのはボクだけ、といった感じがする。中村さんは、確かにボクに向かって話しかけているのは分かるので、決して何も音がしない世界ではないけれど、中村さんが何を言っているのかは分からない。
　確かに中村さんは、そこにいるんだけれど、急に現実味がなくなった感じがする。
　中村さん、あなたは本当に中村さんですか？
　近くにはいるのだけれど、ずいぶん遠い感じ。手を伸ばせば触れることができる距離におられるのだけれど、実際に手

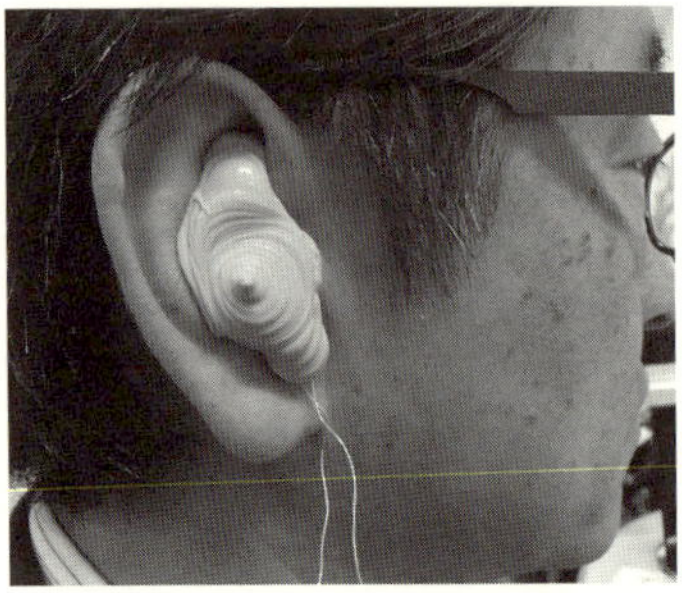

★印象材で完全に耳は蓋された

を伸ばせば、その手は中村さんの体を通り抜けて、ただ中村さんの映像が映し出されているだけだったという感じになりそうで怖い。

リョージ君やアカリさんが言っていた世界は、これかと思う。わずか数分間の「聞こえにくい世界」の旅。イヤーマフを外し、印象材を取ってもらって、ようやく元の世界に生還。

あぁ、さっきまでは全く聞こえなかった空気清浄機の音が、こんなに大きかったんだと思う。ボクらのまわりには、いろんな音で溢れていたんだと改めて思うのであります。

しかし、そんな風に音を遮断しても、明確に聞こえる音がありました。それは自分の頭をカリカリと掻いた際の音です。そう、本当にカリカリと聞こえる。中村さんが説明してくれました。

「それは骨を通して、すなわち骨伝導で内耳まで直接音は届いているので、大谷さんの場合は聞こえるのです。今回、外耳道から鼓膜の手前まで印象材でふさぎましたので、難聴の種類としては〝伝音声難聴〟を疑似体験していただいたと言えます。これは、中耳炎とか鼓膜の損傷などから起こるもののことで、医学的な治療が可能とされます。また、音を大きくさえすれば明瞭に聞こえます。しかし、このタイプは難聴全体の二割程度に過ぎません。残りの八割は〝感音性難聴〟、あるいは、その感音性難聴と、先ほどの伝音声難聴の両方の症状がみられる〝混合性難聴〟だと言われています。

感音性難聴とは、内耳や聴神経といった音そのものを感じる器官〝感音器〟に原因がある難聴です。感音性難聴は〝音がよく伝わらない〟といった表現ではなく〝音が鮮明に感じとれない〟〝音が小さくひずんで聞こえる〟という感じで、ただ単に音を大きくしてもはっきりとは聞き取れないのです」

なるほど。リョージ君やアカリさんが言っていた、彼らが感じている「音の聞こえにくい世界」のことが、ちょっぴり、本当にちょっぴりですが理解できた気がします。

音を大きくすれば聞こえるというものではないんだ。そもそも、ボクらが聞こえている音と、彼らが聞こえている音とは違うんだ。

今、「ボクら」と「彼ら」と二分割をしたけれど、これも〝十把一絡げ〟的発想に他ならない。**ボクの聞こえている音と君が聞こえている音は、一緒だろうか？　そんなことはきっと誰にも分からない。一人一人違うのが当たり前。**結局、これに尽きるんだろうな。

それだけに全てを理解することなど不可能で、理解をしようとするその姿勢こそが重要なんだと改めて思うのでありました。

中村さん、貴重な体験をさせていただき、本当にありがとうございました。

8 電話は超苦手！

〝聴覚障害者あるある②〟

ランマさんの日記にもあったように、聴覚障害者は「宅配便」が苦手です。なぜなら、インターホンが聞こえないからです。**一日中家にいたはずなのに、ポストに「不在通知」が入っている**ことがよくあると言います。

宅配業者さんは、きっとピンポーンと鳴らしたはずなのに、家の中からは何も反応がなかったので不在扱い。仕方なく再配達を頼むと、それはそれで大変。

というのも再配達は時間指定ができますが、その時間、聴覚障害者はインターホンの前で、いつ鳴るかと耳をすましてずっと待たなければならないからです。お昼寝やお風呂はもちろん、食事をすることも、テレビをつけることも我慢して、インターホンに集中しなければならないのです。

インターホンが鳴ったら鳴ったで、モニターがついてさえいれば、制服姿で宅配便業者の方だと分かりますが、スピーカーだけだと、なかなか聞き取りにくい。宅配便だと思ってドアを開けたら、押し売りまがいのセールスマンだったというのは、一人住まいの聴覚障害者の〝あるある〟だということです。

そこでこのコーナーでは、聴覚障害者の〝困ったあるある〟を、いくつかご紹介していきたいと思います。いやはや、あるわ、あるわ……。

❖一人住まいの〝困ったあるある〟

アパート暮らし、マンション暮らしの方ならこんな経験はありませんか？

「二階の住民うるさいなぁ。今、何時やと思ってるねん。子どもをバタバタと走らせるなよ」と不満に思った経験です。誰にだって一度や二度は必ずあるでしょう。しかし幸い、聴覚障害者にはそんな不満はありません。だって、聞こえないんだから。

が、しかし！

自分が出している〝生活音〟も聞こえない。私が今こうしている一挙手一投足が、何か不快な音を隣近所にまき散らしていないのか？　ご近所の皆さんに迷惑をかけていないのか？　このテレビのボリュームは、隣の部屋にまで漏れていないのか？

実は彼らは、大変気になっているそうです。

そこで健聴者の友だちに一泊二日で部屋に滞在してもらい、自分の生活音が許容範囲なのか否かチェックしてもらうこともあるとか。実に涙ぐましい努力をされておられるのです。

❖テレビにまつわる〝困ったあるある〟

聴覚障害者だって、テレビは見ます。ｏｉｏｉのあるメンバーに聞きました。小さい頃、好きだったテレビ番組は何だったんですか？

「水戸黄門に大岡越前。火曜サスペンス。あと、ＮＨＫの朝ドラも見ていました」

渋い子どもだったんですね、と答えると語気を強めて言いました。

「それしか見る番組がなかった。楽しめる番組がなかった。内容の分かる番組がなかったからだ」

すなわち、当時はこれらの番組にしか字幕がついていなかったというのです。そうか、そういうことか。しかし今はずいぶん、字幕つきのテレビ番組も増えて楽しめる機会も増えたそう。

でも、たとえば漫才番組を見ていて「オチ」が先に分かる場合もあると思いますが、それはいかがですか？

「健聴者と見ている場合は、同時に一緒に笑いたい。オチが先に出ても全く構わない。でも、後は嫌。先に周囲が笑うと、そっちが気になるから。また、後になると何だか〝ほったらかし〟〝置いてきぼり〟にされているようで嫌だ」

それと同じ意味で、生放送は嫌いなんだそうです。今ではずいぶん、生放送でも字幕がつくようになりましたが、映像やアナウンサーが話すコメントより少し遅れて、すなわち時間差があって字幕が出てくるので、周囲の人たちと一緒に、同時に楽しめないとのことです。

うん。確かにその気持ちは分かる！

テレビ関係者の皆さん、なお一層の環境改善をよろしくお願いいたします。

❖ドアにまつわる〝困ったあるある〟

アパートやマンションの場合、実はドアの閉める音も気をつけないと「騒音だ！」とクレームになりかねません。しかし、時にはしっかりと音を立てねばならないドアもあります。それは職場。たとえば役員室に入る時などは、当然ノックをするのが礼儀。正式なノックの数はコンコンコンコンと四回叩く。もちろん、ドンドンドンと力一杯叩くのは失礼。赤穂浪士の討ち入りではないのだから。適当な力でコンコンと叩くのです、とこう何気なくアドバイスをしても、聴覚障害者には実は難しい作業。だって、自らが叩くドアの音が聞こえないのだから。

これくらいでいいかな？　いや、小さすぎたかも、と結局二度続けてノックするが〝あるある〟。

さらに、ノックはしたものの、中から「どうぞ！」と言われているのか、いや「ちょっと待って！」

と言われているのか、結局は聞こえないので、**開けていいものやらあかんのやら**と逡巡したあげくに、ドアをそ〜っと開けるはめになってしまうというのも聴覚障害者〝あるある〟なんだそうです。

❖聞こえないと思っていたのに……

障害があろうとなかろうと、年頃の、特に男性であればAV(アダルトビデオ)は見てみたいもの。でも、聞こえなくてもストーリーを追えるというか、何というか、〝その気〟になるもんなのでしょうか?

メンバーの一人は言います。

「雰囲気は分かりますよ。いやらしい声をしているのは、何となく分かります」

興味本位で、こっそり見てみたくなる気持ちは分かります。ただし、この〝こっそり〟が彼らには難しい。自分の部屋で、本人は〝こっそり〟と観ていると思っていた。しかし、ガチャッと部屋の扉が開いて……。

「お前、何観てるんだ? **大きな音が漏れてるぞ!**」

ウワァ〜、これは恥ずかしい。でも、これも意外と〝あるある〟だそうですから、くれぐれもお気をつけあれ。

❖では、「愛のささやき」は聞こえるのか？

実際の恋愛においては、アカリさんご夫妻も言っていたようにＬＩＮＥがあってよかったというのは聴覚障害者カップルの〝あるある〟。

しかし、それは遠く離れている時に役立つアイテム。近くに、それも本当にピッタリとそばにいるような場合、彼ら・彼女らは愛をささやくのか？　そして、そのささやきは聞こえるのでしょうか？

聴覚障害のある若き男性メンバーがこんなエピソードを教えてくれました。

「彼女の背中側からまわって、彼女を後ろから抱きしめ、彼女の耳元で愛をささやいたことがあります」

そのささやきに彼女は何と答えたのか？

「それが分からないんですよ。僕の顔を彼女の顔の横にピッタリとつけたものだから、彼女が何と言っているのか、**彼女の口が読み取れないので、分からなかった**のです」

ダメじゃん。さらに、こんな別の男性も……。

「そもそもささやくのが、どれくらいの声のボリュームなのか分からないんですよね。実際、彼女の耳元で、僕の思う声のボリュームで〝ささやいて〟みたんですが、彼女からは、『**そこそこウルさい**』と言われました」

残念！

❖まだまだ改善の余地がある〝あるある〟

やはり日常的に困るのは電話なんだそうです。先ほどの「愛のささやき」に関連して言えば、そのささやきが功を奏したのか、めでたく彼女ができたとしましょう。その彼女がその日のデートからの帰り際に言いました。

「あなたの声だけでも聞きたいわ。今夜、電話して！」

実際に言われた聴覚障害のある男性です。

「そう言われても、電話は超・苦手！　もうこれは分かってもらうしかないと、ダメもとで電話してみました。そもそも、どのタイミングで話し始めていいかが分からない。聞こえていますか？　と問うても、その返事が聞こえない。ただ、もう一方的にしゃべるしかなかったですね」

何とも笑うに笑えない事例ですよね。さらに〝電話の困った〟は、当然恋愛の時だけではありません。たとえば、レストランを予約する。今ではネットで予約できますが、その確認の連絡などは、折り返し電話でかかってくる。これも大変。その際は、友だちに代わってもらって要件を聞いてもらったらいいけれど、これが役所からの連絡だったり、金融機関からの電話だと「友だちに代わって聞いてもらいます」が許されない。結局、後日窓口にまで出向かねばならないと言います。

さらに、駅の改札や、銀行のATMでも、「何かお困りの際には、こちらの受話器を取ってお呼び出しをしてください」というケースはよくあります。

そこに受話器だけじゃなく、テレビ電話のようにモニターをつけて、相手の顔が見えるようにさえしてくれたら、ずいぶん助かるというのが、聴覚障害の本当によくある〝あるある〟なんです。

❖一番困る〝あるある〟は？

というように、さまざまな〝あるある〟を紹介してきましたが、聴覚障害者の一番困る〝あるある〟は、大きな病院での待合室だそうです。

だってそうでしょ。「〇〇さ～ん！　次どうぞ！」と言われても聞こえないのだから。なので、聴覚障害者の皆さんは耳をそばだてているというよりは、あたりをキョロキョロと見まわされているそうです。

診察室から誰か出てきた。きっと次の人が呼ばれているはずだ。

でも、その声は聞こえない。そろそろ自分かなと思うけれど、自信はない。

そろ～っと立ち上がって診察室を覗いてみようかと思うと、次の患者さんが横を通り抜け、何食わぬ顔で診察室に入っていった。**あぶない、あぶない、自分じゃなかった**と、もう一度ベンチに何食わぬ顔で腰を下ろすというのが、本当に〝あるある〟なんだそうです。

でも、ようやく診察室に入っても、さらなる困難が待ち受けます。

「今日はどうしましたか?」とお医者さんは、きっと聞いているはず。でも、分からない。なぜならドクターの多くはマスクをつけているので、口が読み取れない。そこは配慮してほしいというのが聴覚障害者の皆さんの切なる願いなのであります。

それを耳鼻科の先生にやられた、と嘆くメンバーもいました。それでは聞き取れない、口を読み取れないのでマスクを外してください、とドクターにお願いをすると、「おっと、これは失礼」と、マスクを外し……。

「こ、れ、で、わ、か、り、ま、す、か?」

一言一句、大きく口を開けて、大きな声で発してきた。

「先生! そこまでせんでも分かります」と、呆れ返りながら返答したそうです。

いやはや、あなたはプロでしょ! しっかりしてください。

❖コンビニでの〝困ったあるある〟

しかし、マスクをしていなくても……というのが聴覚障害者のコンビニ〝あるある〟。

「このお弁当、温めますか?」「お箸は要りますか?」

どのコンビニのレジでも、よく聞かれるフレーズ。でも、聴覚障害者の多くは全く無反応。

決して無視しているわけじゃありませんよ。

そう聞かれていることに気づいていないのです。なぜなら、コンビニの店員さんは、手元を見ながら顧客にそう聞くからです。

そうなのです、店員さんは決してマスクをつけているわけではありませんが、そうした姿勢では、あなたの口元が見えない。聴覚障害者にとっては、あなたの声が「読み取れない」のです。お願いです。こちらを見てお話しください。

もちろん、それは聴覚障害者のためではありますが、彼らのためだけではありません。それは、あなたのためでもあるんです。

こちらを見てお話しください。ほら、あなたの好感度が一挙に上がった。となれば、アルバイトの時給もアップする……かも⁇

ちょっとした配慮を皆さん、何とぞよろしくお願いいたします。

9 分からないものは分からない。だから教えて

〝ノブさんの場合〟

けして無音の世界ではない

「そうなりたいと思った。さらに、羨ましい、かっこいいとも思った。僕も当時、変わりたいと思っていたけれど、自分をどう変えるかまでは考えていなかった。ただ、この人と活動したいと思ってｏｉｏｉに入りました」

リョージ君は、そう話してくれました。

今でこそ明るく快活なリョージ君ですが、中学生までは暗く、自らのまわりに大きな壁を作るような子どもでした。

それが高校生になって、ようやく聴覚障害があることを自己開示ができるようになり、さらに大学に入ってからは手話エンターテイメント発信団ｏｉｏｉに入団しました。自分と同じ聴覚障害者の仲間に数多く出会い、一挙に世界が広がったリョージ君ですが、彼のようになりたいと、そのｏｉｏｉ入団のキッカケを作った人物がいたのです。

リョージ君の言う〝この人〟とは、ｏｉｏｉの現代表・岡崎伸彦さん、三十六歳です。ｏｉｏｉでのニックネームは「ノブ」。

ノブさんの聴力は左右ともに百ということですから、アカリさん同様、ほぼ全く聞こえないレベルです。しかし、見るからにエネルギッシュでパワフル。一見する限りは障害者であることは全く分かりません。そんなノブさんに、まずはこんな質問からさせていただきました。

――聞こえないとは、どういう感覚なんでしょうか？

「静か〜な世界ですね」

う〜ん。確かにその通り。それ以上でもそれ以下でもないですよね。まさに愚問でした。もう少し説明を加えていただくとしたら……。

「こっちから見ていたら、皆さん、口をパクパクしているだけ。昔のチャップリン映画みたい。今で言うとテレビを音なしで見ている感じですかね。皆さん、口を動かしてはいるけれど、こっちからすれば何だろうな？　という感じです」

――それは補聴器をつけていない場合ですよね？　補聴器をつけた場合はどんな感じになるんですか？

「補聴器をつければ、結構聞こえている感じはしているんですけれど、僕の場合は音の聞き分けができないので、何かしらが〝鳴っている〟イメージですかね？　なんとなくザワザワしている感じかと」

ザワザワしている。

彼の場合は「無音の世界」にいるわけではないんですよね。「聴覚障害者」＝「無音の世界の住人」という公式ではありません。それが、この取材を通して段々と分かってきた気がします。

彼の場合は、**何百、何千ものススキの株が揺れ動く広大な草原の中にただ一人佇んでいる**ような状態なのかもしれません。周囲にさまざまな音は存在するけれど、それらのススキがザワザワと揺れ動き、音が近づくのを邪魔しているようです。

「先ほども言いましたが、僕は結構聞こえている感じはしているんですけど、でも、僕には聞こえない音がいっぱいあるみたい。たとえば何かを落とした時の音。僕は気がついていないことがメッチャ多い。まわりの誰かが『落としたで』と気づいてくれるんです」

「落とした」は、我々にしてみれば「音した」でもあるんですが、ノブさんには「音した」ことが分からないので「落とした」ことも分からないというわけです。

そんなノブさんが自分の耳が聞こえないことに気づいたのは、幼稚園に行くようになってからだったそうです。

「それまでは、ずっと家にいて、家族全員が聞こえないこともあったので、全く違和感などなかったんです」

ノブさんの家族はいわゆる「デフ・ファミリー」。父・母・姉、みな聴覚障害者です。

「お父さんもお母さんも全く聞こえないし、全くしゃべれない。家庭内のコミュニケーションは、口の形と手の動きで示すある種のサインを使うものでした。しかし幼稚園に行くと、みな手を動かさずに、口だけでしゃべっている。そしてみな楽しそうにしているのを見た時に、あっ、僕だけ分からない。〝別の世界〟にいるなと思いました」

そこでノブさんは、この幼稚園と並行して、週に何度か、ろう学校にも通うことになります。それは……。

「しゃべる練習と、口を読み取る練習を受けるためです」

——えっ？　そんな小さい頃から始めるんですか？

「小さい頃から始めるのが重要なんです」

——それはどうやって学ぶのですか？

「目で相手の口の動きを読み取るんです。それを真似て発音する。何度も何度もね。でも、口の動きだけだと、たとえばパもバもマも一緒に見えるでしょ。パ、バ、マ。ね！　そこで、音の出る場所、**音の出し方を手で表すキューサイン**というのを覚えるんです」

——キューサイン？

「そうです。表現方法は地域によって若干異なると言われていますが、たとえばアやったら、胸のあたりが響くので、手のひらを胸に軽くあてる仕草をしながらアと言う。カだったら、カと言いながら、人差し指を喉に当てる仕草をするんです。先ほどのパ、バ、マは、口の開け方は一緒ですが、そ

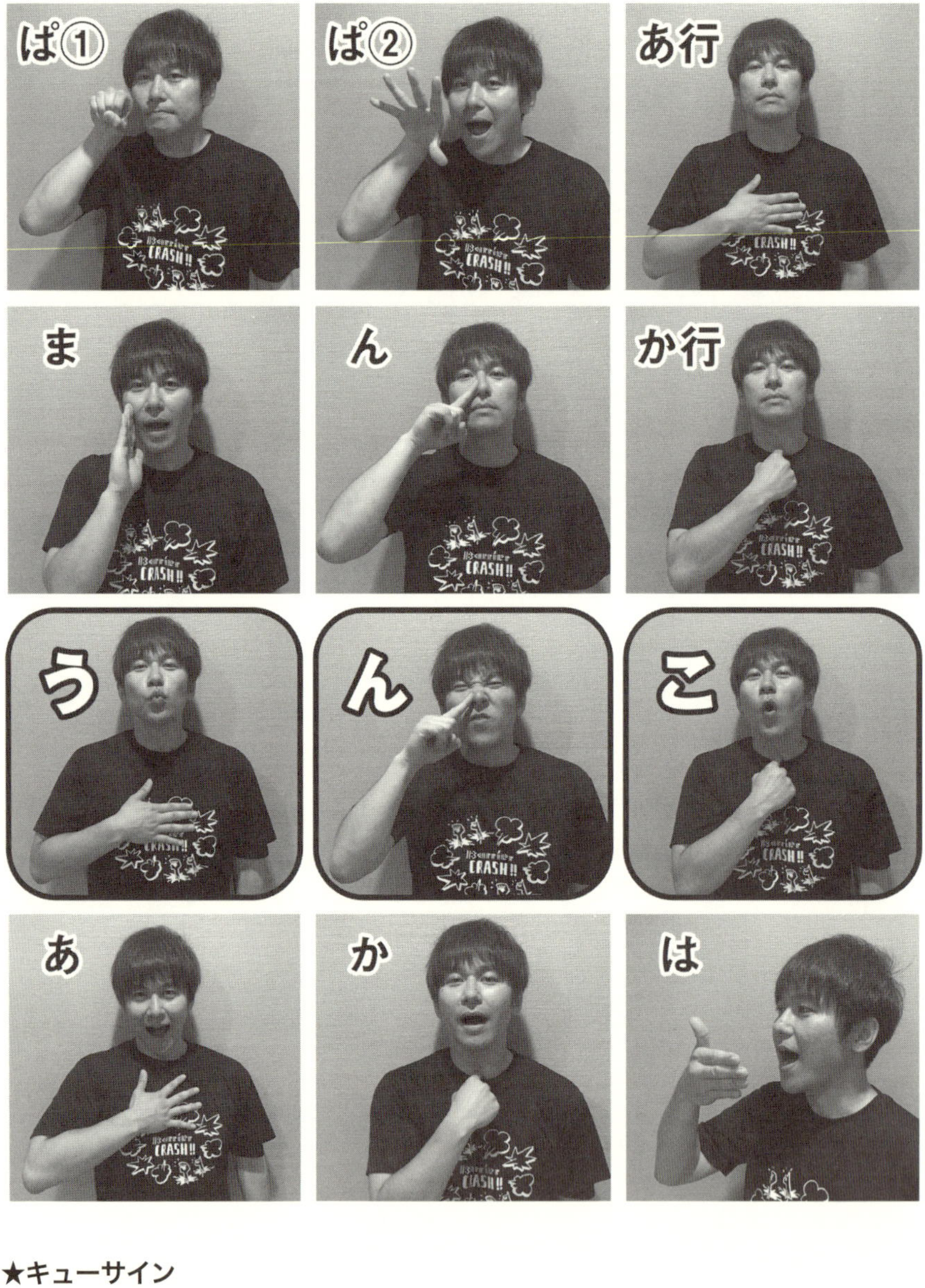

★キューサイン

のキューサインは、パなら顔の横でこぶしをパッと開く。バならひとさし指を口の前に立てて前に出す。マなら手のひらを頬に当てて、横に離す。これでそれぞれの違いが分かる。そうしたしゃべり方と、その時の口の特徴をまず覚えるんですよね。そして、それを真似て発音する。そうしているうちに、同時に相手の言っていることも分かるようになるというわけです」

おぉ。これが口話ができるようになる練習なのですね。確かに幼い時から始めるにこしたことはない。でも、それまでは「言葉」が存在するなんてことも考えたことすらなかったのでは？

「そうですね。考えたこともありませんでした。でも練習で、イラストを見せられながらラ・ク・ダとか、パ・ン・ダとか順に学んでいったんです」

なるほど。その甲斐あって、ノブさんの口話能力は抜群。ほとんど問題なくコミュニケーションが取れます。また彼の発音も大して違和感はありません。もちろんゼロではないけれど。

そこで思わず、こんな質問をしてしまいました。

——ところでノブさんの人生初の第一声って、なんだったんでしょうね？

「分かんないですよ。親も聞こえてないし。僕の泣き声すら分からないんですもん。夜泣きしていたかも、両親は分からなかったのではと思います。当時はおばあちゃんのところにいたので、周囲の方々のフォローがあってこそ、だったと思いますね」

また愚問だった。ごめんなさい。ではもう少し時を進めて、ノブさんが学校に入ってからのお話をお聞きしましょう。

学校での勉強は大変でしたか？

「う～ん、先生がしゃべっているのが、分からないことぐらいだったかなぁ」

――って、それはメチャクチャ大変なこととちゃうんですか？

「いや、それが当たり前のことだったので。先生の話なんか、小学一年生の時から、あんまり分かっていませんもん」

――ウワァ～、先生には聞かせたくない話やなぁ。なら、成績は？　それこそメチャクチャ悪かったのでは？

「成績はよかったですよ。漢字を覚えるのも早かった。それは両親が僕が小さい時から、たくさんのマンガを読ませてくれていたからかな。また算数も楽しかった。算数って、自分で解いていけばいいので。苦手なのは英語かな。リスニングがあるから。でも、ライティングとリーディングは、成績はよかった。学年一位になったこともあります」

――じゃあ、英語でしゃべれるんですか？

「発音は下手やと思うけど、できますよ。先生がしゃべっているのを聞いて真似をするのはできないけれど、発音記号をまず勉強して、読み方を覚えました。友だちにこんな感じかと、僕の発音を聞いてもらったりして。まぁ、多少まちがっても先生は〝スルー〟してくれたんやと思いますけどね」

――先生の話は分からない。じゃあ、何で勉強していたんですか？

「教科書のみ。高校に入ってからは〝先生用の教科書〟があるのを知って、そこには授業のポイントだとか全部書いてあるんだけれど、僕は、それを見て学びましたね」

――なるほど。授業中はどうされていたのですか？　先生の話は分からないのであれば、当然、授業の内容も分からなかったですか？

「そりゃ、分かんないですよ。だからズッと……」

――ズッと？

「**寝てました**」

本当に先生方、耳をふさいでおいてください。でも、本当に寝ていたの？

「うつらうつらかな。でも、ちゃんと聞こうとしたから眠くなるんですよ。先生の話が面白くないからとかじゃなくて、話が分からないから。話が全然読み取れないからなんですよ」

――なるほど、それは致し方ないかも。そうした分からない授業の中でも、最も困ったことは？

「先生って『分からないことがあれば、何でも聞いてね』ってよく言うじゃないですか。言わせてもらいますが、**全部が分からへんねん！　という感じ**でしたよね。先生にしてみれば『文章の中で分からない言葉があれば教えてね』という感覚でしょうけれど、僕からすれば全部なんですよ、分からないのは。先生の言っていることは雑談なのか、大事なことを言っているのか、その判断すらできない。そもそも何の話をしているのか分からない。だから、どう質問していいのかも分からないんです。それと……」

――それと、なんですか？

「これは聴覚障害者あるあるなんですけど、だいたい僕らを教室の一番前に座らせますよね。**聞こえにくいだろうからって。だけど、それは意味がない。**先生って、よく黒板を書きながらしゃべりますよね。その時、僕はただ先生の背中を見ているだけ。先生がしゃべっているかどうかも分からない。また先生は教科書を読む時に、その教科書で先生の口が隠れる。それじゃあ先生の口が読み取れない。しかも、一番前に座らせるということは、僕の後ろで誰かが手を挙げて『はい！』と言っていても聞こえないし、誰かがしゃべっていることにも気づかない。先生が、手を挙げたであろう誰かを指さした時に、ようやく、その誰かがしゃべっていたんだと分かる程度なんです」

――じゃあ、ノブさんにとって授業とは？

「もちろんフォローのある授業も一部あったので、全部無駄やった……とまでは言いませんが、そう言いたくもなる環境だったかなとは、思いますね」

教育業界の皆さま、何と申し上げてよいのやら。このまま耳をふさがれますか？　それとも耳の穴をかっぽじいて彼の話の続きを聞きますか？　それはもう皆さまにお任せして、ボクはこのまま筆を進めるのであります。

――体育の授業はどうだったんですか？　楽しかった？

「体育は楽しかったですね。体を動かすのは好きやったし。でもね、中には聞こえないことがハンデになるスポーツもありました」

――たとえば？

「走ること！」

――えっ？　走ることって、耳と関係あります？

「僕は、鬼ごっこは速かったですよ。それは自分のタイミングで駆け出せるから。でも徒競走はダメ。スタートのパーンが聞こえない。さらに練習だと、先生は、タイムを測定するために、スタート地点ではなく、ゴールライン付近で『よ～い、スタート』と言う。そんなの聞こえるわけがないじゃないですか。そこでお願いをして、手を挙げてもらうようにしたけど、だいたい『よ～い、スタート』、と言ってから手を挙げる。一緒に走る相手は、もう一歩も二歩も先に行っている。これは損ですよ！　それから水泳。プールでは補聴器を取るので、もう完全に聞こえない。さらに僕は眼鏡をかけていたので、プールの時は眼鏡も取る。そうなると、もう見えないし、聞こえない。なので、とにかく先頭で泳がないようにする。必ず誰かに先を行かせるんです」

――一番前を泳がないようにする。それはなぜですか？

「分からないからですよ。何泳ぎをすればいいのか？　いつ泳ぎ出ししたらいいのか？　そこで、僕の前の人が平泳ぎで泳ぎ出したら、あぁ平泳ぎなんだなと思って、僕も平泳ぎで泳ぎ出す。クロールだったらクロールで続く。なにしろ、何をやらされているのか全く聞こえないし、全体が見えないので、分からない。中でも一番困ったのが、個人メドレー。行きは平泳ぎで帰りはクロール、続いてバタフライみたいな。僕はいつもの通り、前の人間が平泳ぎで泳ぎ出したもんだから、平泳ぎで行って、そのまま平泳ぎでターン。って、あぁ、違う。前行く人は、クロールで泳いでいる。途中で、変わることもあるんやと、本当に困りました。それから……」

——まだあるんですか⁉

「僕、高校時代は、なかなかヤンチャで、体もがっちりしていたから、先生にスカウトされて、柔道部に入ったんです」

——柔道は、耳に障害があることで、ハンディキャップになりますかね？

「僕も当初はそう思わなかった。組み合えばいい。投げたらいい。押さえ込めばいい、と思っていたし、実際に単純と言えば単純、僕もなかなか強かった。しかし、ある公式戦での団体戦でのこと。五人のチームで、三勝したチームの勝ち。その試合では二勝二敗となって勝負は最後の大将戦にまでもつれ込んだ。大将は僕です。僕が勝てば我が校の勝ちという試合で、僕は、あることで敗れたんです」

——あることとは？

「何と、反則負け」

——反則負け？　何をしでかしたんですか？

「審判の『待て！』が聞こえなかったんです。相手の帯がほどけた、場外に出た、お互い手数が少なく試合に変化がない時に、審判がそう声を発するんですが、僕には聞こえなかったんです」

――すなわち、「待て！」の声を無視した形になったんだ。

「そうなんです。僕は待ての声がかかったにもかかわらず技を仕掛け続けようとした。**主審の指示に従わなかったことで、反則負けを宣告されたん**です」

――それはひどい。ノブさんが耳が聞こえないことは、審判に伝えていなかったのですか？

「もちろん伝えていましたよ。普通なら、『待て！』の声とともに、僕の体を叩いて知らせてくれるんです。でも試合直前に主審が変わっていて、僕が耳の聞こえないことは伝わっていなかったんですよ。僕はその後も柔道部には所属していましたが、試合に出ることは、もう辞めました。みんなに迷惑を、これ以上かけられないので」

さすがに少し寂しそうに話したノブさん。でも、学生生活は総じて楽しかったと言います。

「メチャクチャ楽しみましたよ。確かに嫌なこともいっぱいあったけれど、**嫌なことより楽しいことのほうがいっぱいあった**と思います。僕はポジティブですからね」

――そうですよね。ノブさんは確かに元気でポジティブ。それは小さい時からですか？

「そうですね。僕は小さい時から〝生き抜く手段〟を考えていたように思いますね。なので、小さい時からガキ大将的だったと思います」

――ガキ大将であることが、聴覚障害者の生き抜く手段の一つだったということですか？　それはどういうことですか？

「聞こえない僕でも、自分から進んでしゃべれば、当然ですが、話の内容が理解できるので、その場をリードできるじゃないですか。反対に**しゃべらないとみんなの会話についていけなくなる。**それが嫌なんです。負けず嫌いなんですね、僕は」

そんなノブさんの卓越した生き抜く手段が発揮されたのは、大学時代、就職活動の時でした。

念願の大手メーカーに就職

「障害者の就職フォーラムがあって参加したんです。そこには数多くの企業がブースを出展していたんですが、手話通訳がついてくれていました。僕はざっと会場を見まわした後、会場のど真ん中あたり、各社のパンフレットが置かれているあたりに座りました。まわりのブースで面接しているのが見えます。もちろん声は聞こえないけれど、手話通訳がついているので、その内容は、僕には丸分かりなんですよね。あそこの企業は、そういうことが面接で聞かれるのか、この企業は、こんな話をされるのか、ということが〝見える〟んです。その時、思いましたね。就職フォーラムで、先に動いてはあかんと」

――君は、戦国時代の大名か！

「まず各企業のブースでどんな話が行われているかをしっかり押さえておいて、その企業のパンフレットを熟読した後、実際にブースに赴けばいいのだと思いました」

そして、ノブさんは、余裕を持って希望していた大手住宅メーカーのブースを訪ね、実質的な一次面接に臨むことになるのですが、もうしっかりと予行演習済み。面接の際に手話通訳をしてくださった方から、面接終了後にこっそりと「内緒やけど、いけると思いますよ」と、その場で太鼓判を押されるほど。

そりゃそうでしょ。**予行演習をばっちり済ませていた**のだから。

もちろん後日、その会社から採用通知が届いたことは言うまでもありません。小さい頃から培った「生き抜く手段」恐るべし！

さぁ、念願の大手住宅メーカーに就職できたノブさんですが、「これは戸惑った」と、さっそく試練にぶち当たります。それは……。

「会議ですね。自分の障害のことを分かっておいてもらわないと、これは大変なことになると思って、正直に会議は分からないと皆の前で発表しました。すると、上司から案の定『分からないところがあったら言ってくれたらいい』と言われました。そこで、皆さんが思っている以上に、僕は全然分かってないと思いますよと言ったんです。そうすると……」

――そうすると……何があったんですか？

「上司から何と**『君が議事録を作れ』**と言われたんですよ。そうすれば『君がどこまで分かっているかが分かる』と。僕は、ほう、なるほどと思いましたね。『これは君がどれだけ分かっているかのテストなんだ』とも言われたので、分かりましたと即答しました。でも、抜け落ちていたら補足をお願いしますと言ったら『当たり前だ！　それは私がやるから任せておけ』とも。じゃあ次回の会議では僕が議事録を担当します、と宣言したんです」

いやぁ、面白い対応ですね。あなたの職場でも聴覚障害者が新たに配属された際には、チャレンジされてはいかがでしょうか？　その人の「聞こえている」「聞こえていない」が実によく分かると思いますよ。

さて、その会議では実際どうだったのでしょうか？　ノブさんは、こう続けました。

「次の会議では議事録の係を実際に担当したわけなんですが、手が一切、動かないんですよ。そうした中でも、僕が聞き取れた、あるいは分かった単語だけを書き留めました。そして会議終了後に、僕が分かったのはこれだけですと上司に提出しました」

――その議事録を見て、上司は何てコメントしたんですか？

「（ためいきで）おぉ～～～～～～～～～～っ、と」

上司は長嘆息するしか仕方なかったのです。だって議事録には、結局、数言しか書き留めることができなかったのですから。しかし、ノブさんはこう言います。

「いやぁ、結果はどうあれ、この上司のアイデアはいいなと思いました。議事録を書けという発想には、**僕は納得がいったし、ありがたいな**と思いました。こういうことを言ってくれるのは、きっと幸せなことだとも思いましたね」

ノブさんの「聞く力」が明らかになった後もしばらくはノブさんが議事録係を担当していたそうですので、本当にチャレンジ精神に溢れた会社と言えそうです。会議中も新人のノブさんをしっかりフォローしてくれたと言います。

「上司が横に座って、資料がある時は、今ここだと教えてくれて、資料に載ってないことが話題になった時には、ペーパーに書いたりしてくれました」

いい会社。優しい会社ですね。ノブさんはこの会社の人事セクションで、もう十四年も働いています。社員の安全衛生管理や健康管理から、事故防止対策や災害防止対策の立案、社員の勤務時間管理や、福利厚生、社宅管理や給与管理までさまざまな仕事を任せられてきました。

そんなノブさんのデスクには当然、電話はありません。メールか、若い社員にはインターネットを使った電話サービス「スカイプ」でコミュニケーションを取っています。これは賢い。

スカイプには「チャット」という機能があって、会話するようにメールのやり取りができるからです。さらに、ノブさんが所属する課の会議では、座席の決定権はノブさんにあるとのこと。課のメンバーは合計十人。**全員の顔が一番よく見えるところがノブさんの席**になるということです。

たぶん、本当はそこに一番偉い人が座るんじゃないの⁉

「そうですよね。本当に、僕は恵まれているなと思いますね」

確かに会社側の対応は素晴らしいと思いますが、たぶん、そこには「分からないものは分からないんだ。だから教えてくれ」というい意味での太々しさ、ガキ大将的な押しの強さがノブさんにはあるからでしょう。それも「生き抜く手段」の一つに違いありません。ノブさんは言います。


「『会議で分からないことがあれば聞いてね』と言ってくださる方は多いんですが、それは会議の流れをある程度掴んでいて、『この部分を教えてください』と言える人に限ってできることじゃないですか。聴覚障害者の場合、多くは全部分かんない、会議で誰が何を言っていたかも分からないので、学校の時と同様、そこはまわりから教えてもらわないと困るんですよ。『岡崎君、これは知っといてくれよ』といった重要なことはまわりから教えてもらえるとありがたいですね」

——まぁ、結論から言うと、ノブさんは会議に出ていても、出ていなくても、本当は変わらないのでは？

「会議の場によりますけど……まあね」

ノブさんは、そう言うと、苦笑いを浮かべながら、頭をかきました。


ところで仕事場に限らず、世間が、社会がどうなれば聴覚障害者にとって、生きやすい世の中になると考えておられるのでしょうか？

「せめて相手の顔を見てしゃべるように心がけてほしいですね。こっちを見てさえくれていたら、僕の補聴器に気づいてくれるかもしれない。相手のほうを見て会話するだけで、その話が伝わったかどうか分かるでしょ。**話が相手に伝わったかどうかを発信する側が確認することを心掛けてくれるだけ**で、コミュニケーションはよくなるはずなんです。相手が頷いている。なら分かってくれたかな。一方、相手が少し首をかしげている。あれ、伝わらなかったかなと、そうしたことを少しでも気にする習慣を全員に持ってほしいですね。それが聴覚障害者にはありがたい。バリアクラッシュの一歩になると思いますね。もちろん、皆さんに手話を覚えてもらえればそれはうれしいけれど、ハードルは高い。ならば、せめて相手の顔を見て話す習慣を身につけてほしいですね」

なるほど。これなら、さっそくボクにでもできそうだと思いました。
あなたも、ここから始めてみませんか?

10 聞こえなくても、ええねん！

〝聴覚障害者あるある③〟

「音楽」は好きだけど「音楽の授業」はムダだった

聴覚障害のあるメンバーに学校時代の話を聞くと、「へ〜」であるとか「ほ〜」であるとか「そうだったのか」という話題が次から次に出てきます。その中でも、みんなが「あるある」と共感したのが、ノブさんのお話の中にも出てきた「聴覚障害者は、教室で一番前に座らされる」ということ。
そして、全員「一番前に座らされても、何らメリットはなかった」と振り返ります。

では、教室のどこに一番座りたいか？　と質問したところ、一人が即答しました。

「好きな女の子の横！」

その通り！　先生方、「ここがお前の特等席」などと聴覚障害者を特別扱いすることなく、席替えのくじ引きに、彼ら・彼女らも加えてあげてください。学生時代の楽しみの一つを奪わないでほしいなと思いますね。

それから、全員が「そう！　そう！」と頷いたのは「音楽の授業って無駄じゃない⁉」という話題でした。

あるメンバーは言いました。

「嫌だった。意味が分からない。ピアノの前に立つだけで点数がもらえる不思議な授業だった」

――えっ？　それってどういうこと？

「一人で歌うテストで、僕はピアノの横に立って、先生がピアノを弾く。先生の手が動いているので、ピアノが鳴っているのは分かる。ピアノの響きも分かる。だけど音程は分からない。だから、歌えない。結局、ピアノの横に立っているだけ。先生の手が止まったら、僕は席に戻って、それで終わり。そんな形式的な試験って必要なのかなと思った」

――そうか、耳の聞こえない人の音楽の試験って、そうなるのか？　また別のメンバーは……。

「音楽のテストで一度歌って、クラスのみんなに笑われて、それ以降歌わなくなりました。なので、その後は〝口パク〟」

――音楽のテストで口パク！　そんなことってあるんですか？　そもそも、そんなこと許されます？

「私は、**クラスの合唱の際に、口パクの練習をさせられましたよ！**　それってひどくないですか？　それなら私、いなくていいんじゃないの」

「僕も口パクでしたよ」

――なんと、口パク強要は普通学級に通っていたメンバーの多くが経験していたようで「僕も口パク」「私も口パク」という声が相次いだんですが、一人のメンバーは……。

「僕は歌っていましたよ。だって、みんなも歌っているから、僕の歌声など聞こえないと思っていたもん」

とのこと。そこは全員から**「聞こえてるって」**と一斉にツッコミが入る。聴覚障害のあるメンバーからのツッコミとしては、なかなかシュールな一言を浴びせられたわけですが、このメンバーは続けました。

「だって僕には、合唱って、右隣の人の声だとか、左隣の人の声、後ろの人の声、前の人の声など個別に聞こえてきているわけじゃなくて、いろんな声が重なり合って一つの音として聞こえてきているだけ。だから、僕の声など、みんなも聞こえているはずないと思っていたもの」

うーん。ここまで読んでいただいた方にはお分かりいただけるかと思いますが、この人物は、「おなら」を別の音でごまかそうとした人物と同一人物であろうことは想像に難くないのでありますね。

とはいえ、彼の聞こえ方も特殊なのかもしれませんが、聴覚障害者の一つの聞こえ方であることはまちがいありません。

ただ笑い飛ばして済む問題ではないと思います。

ところで、この座談会では「音楽の授業」に関しては、こうした否定的な発言が相次いだんですが、個別にお話を伺うと、皆さん、実は音楽そのものは好きだったりするのです。

「聴覚障害者にとって音楽は無縁のもの」という発想は、障害への理解のなさから生まれた思い込みに他ならないのです。

たとえば、リョージ君の場合です。

「聞こえない僕が楽器ができたらカッコいいだろうなと、高校三年生の最後の文化祭で、友だちとバンドを組んだんです。僕はドラムを担当しました。友だちがギターとベースとビートボックスにボーカルの五人編成です」

――自分が叩くドラムの音は、当然ですけど、聞こえるんですよね？

「ドラムの音は聞こえるというか、ドラムの音しか聞こえない。まわりのメンバーが弾く楽器の音は聞こえない。なので、合っているかどうかも分からない。よくそれで成り立っていましたよね」

――それはこっちの台詞ですが、実際、どうやって演奏していたんでしょうか？

「ボーカルやギターを担当するメンバーが、アイコンタクトで、僕のドラムのリズムが早い場合には『早いよ！』と合図を出してくれたり、曲調が変わるところでは大きく振りかぶってくれたりして、それで合わせていましたたね」

――楽しかったですか?

「本当に楽しかったですね」

そういうリョージ君は、昨日のことのように満面の笑みを浮かべて語ります。

カラオケ取材を敢行!

またノブさんも、こう言います。

「音楽は好きですよ。たとえば、スピッツの『空も飛べるはず』などが好き。ボーカルの草野さんの声が好きです。何を言っているか分からなくても心地よくて、気持ちよくなるんですよね、歌詞が分からなくてもね。そういう意味からすると、僕にとっては、日本の歌も洋楽も一緒なんですよ」

なるほど。音楽の授業は嫌いでも、音楽そのものは、決して嫌いというわけではないのですね。

そう言えば、リョージ君の妻・ランマさんの日記にも、リョージ君は時々、歌を口ずさんでいると書いてありました。そこで、ふっと座談会の終了間際に、こんなことを聞いてみたのです。

――皆さん、カラオケには行かれるんですか?

すると「よく行きますよ」から「気が向いたら行きますよ」、さらに「友だちを選んで行きますよ」と頻度に差はあったものの、聴覚障害の皆さんも意外とカラオケに行くことに驚きました。

ならばと、その日のうちに日程を決めて、カラオケ取材を敢行することになったのです。

四月某日。リョージ君に幹事役を務めてもらって大阪・梅田、某所のカラオケボックスに集合。参加者は当然全員耳の聞こえないメンバー。途中で遅れてくる人もいましたが、最終的には七人に集まってもらいました。スタートは夜の七時。

ボクは、モニターの横に陣取り、ペンとノートを手にしながら、皆さんの歌われる様子をシッカリと拝見しようと思っていたのですが、いやはや、何と申せばよいのか、なかなか苦行だったのであります。

一曲目は『恋するフォーチュンクッキー』。

定番の曲でスタートという感じ。さっそくなるほどと思ったのが、カラオケですから当然歌詞が表示されるのでそれを見て歌えばいいのですが、今のカラオケには「ガイドライン」というものが表示される。

音程の高い、低いが短い横線で示されることから、曲が聞こえていなくてもそれに合わせるようにすれば、大きく音を外すことはないのです。ですので、皆

★カラオケに興じるメンバーたち

さんガイドラインに沿うように、聴覚ではなく、視覚を頼りに歌っている。

こう書くと大変失礼なんだけれど、**もっと音痴だと思っていたのに、十分「歌」になっている。**

ただし、それだけに画面から目を外すと、即、音もずれる。

そのため、我々おじさんがよくやるように、時に瞼を閉じてだったり、反対に目線を遠くにやりながら歌うようなことはない。画面を凝視しながらの熱唱。そして、これまた我々おじさんがよくやるように、部屋の照明を暗くして、一人悦に浸って歌うこともありません。部屋を暗くすれば、仲間たちの顔や、手話をする手元が見えずコミュニケーションが取れないからです。

しかし、それにしてもボリュームはほぼＭＡＸ。

これは、なかなかつらいものがありますよ。耳が痛い感じ。

健聴者であれば、会話が難しいぐらいのボリュームなんですが、彼らには関係ない。妨げにならない。みな、手話や口話で楽しく〝会話〟をしているのです。いや、本当に楽しそう。歌いたいから歌っている感じ。誰かに聞かそうだとか、「上手いね」と称賛を浴びたいとか、そんなわけではきっとない。自由で楽しそう。

時には、歌詞に合わせて手話ダンスを披露しながら大盛り上がり。

部屋の中は一挙にヒートアップ。そのため若いメンバーは冷房を強め、部屋の温度を下げていく。

ボクはと言えば、モニターのスピーカーのそばで大音量にさらされ、エアコンからの冷気にさらされ、縮こまりながら、取材に来たことを少し後悔し始める。

いやいや、ここで負けたらあかんと思い、爆音の中でも参加者に話を聞くと、ふむふむ、自分の歌う声で結局カラオケの音は聞こえてないとのこと。**それって、もうカラオケじゃないよね。**また、こんな声もありました。「本人映像」「ライブ映像」を見て歌いますとのこと。そのココロは？「口」を見ながら歌えるから、でした。なるほど。やっぱり直接聞いてみなければ分からないことが山ほどある。

さらに知らなかったのは、カラオケボックスって「残り十分です」という連絡が内線電話でかかってくるけれど、耳の聞こえないメンバーはどうするのだろうかと気にしていたら、今って電話連絡じゃないんですね。もちろん、カラオケボックスにもよるのでしょうが、料理やドリンクをオーダーするタブレットに「あと十分」とか「あと五分」とか、まさにカウントダウン式で表示してくれるんですね。参加者はその表示される残り時間を見ながら、最後の曲はさて何にしようかと決めていました。

結局、二時間で、二十曲をほぼ休憩なしで歌い上げた。

二十曲ですよ、二十曲。誰にも気兼ねなく、本当に自由に。身体全体で、歌を、そして音楽を感じていることがよく分かりました。

もう一度改めて、ここに記します。

「聴覚障害者にとって音楽は無縁のもの」という発想は、障害への理解のなさから生まれた思い込みに他ならないのです。

ところで、この二十曲の中にウルフルズの『ええねん』がありました。ここで、彼らが一部歌詞を変え、腕を突き上げながら、全員で歌ったシーンが今も残っています。

「聞こえなくても、ええねん！」

「ええねん！」

「ええ〜ねん!!」と。

11 「聞こえない」レッテルを外してほしい

〝チータンの場合〟

できれば耳に向かって話して

「補聴器を外しても、隣にぴったり座って話してさえくれれば、聞こえるレベルです。補聴器をつければ、電車の中のアナウンスも、聞こえ……たり、聞こえなかったりですね」

そう話すのは、今年二十五歳になる榎本知奈美さん。ｏｉｏｉでのニックネームは「チータン」です。チータンとは静かなロビーのようなところで、カフェにあるような一人用の本当に小さい机をはさんでお話を伺ったんですが、ほぼ問題なくコミュニケーションが取れました。

彼女はこう言いました。

「この環境であれば大丈夫です。でもこれが屋外で、もう少し騒がしかったらダメですね。もっと近くで、かつ、もっと大きな声で話してもらわないと聞き取れません」

——チータンは、リョージ君やノブさんのように、相手の口を読むのは苦手なんですか？

「得意じゃ……ないかな。口を大きく、ゆっくり話してもらえたら、分かる……かもです」

——じゃぁ、ボクが正面を向いて話すよりは……。

「う～ん、相手の口を読む努力もするし、やっぱり、フェイス・ツー・フェイスは大事にしたいのですが、できれば耳に向かって話をしてほしいというか、そうした意識を持ってくれればうれしいですね。私は〝利き耳〟が左耳なので、左側からしゃべってほしいです」

利き耳？

確かに、利き腕、利き目、運動選手なら利き足とあるけれど、利き耳というのもあるのですね。

ちなみに、ボクのパソコンの漢字変換では「利き腕」「利き目」「利き足」は出るものの「利き耳」は出てこなかったぞ。自分の耳が聞こえることがあまりに当然過ぎて、そこまで意識が働いていないんだろうな。聴覚に関しては、無頓着なんだと思う。

さらにチータンの話を伺って、聴覚障害者にもいろいろとおられて、「音が聞こえない」人だけでなく「ある特定の領域の音が聞こえない」人もおられるのだと初めて知りました。

――チータンの場合はどういう風に聞こえている、というか、どういう風に聞こえていないのですか？

「そうだなあ。小鳥のさえずりは、全然聞こえないですね。**自然界の鳥の声って、聞いたことがない**です」

――ええ！　じゃ、チュンチュンというスズメの鳴き声を知らないってことですか？

「そうですね。でもハトやヤマバトの『ぽっぽー』とか、カラスの『カーカー』、フクロウの『ホーホー』は分かりますよ」

そう言ってチータンは、愉快そうに笑いました。でも、それってどういうことなんでしょうか？

「検査をしてみると、飛び抜けて高い音が聞こえない。その高い音が聞こえるようにボリュームを上げておいて、そのボリュームで低い音を聞くと、ウワッと思うほど大きな音に聞こえます。低い音は割と普通に聞こえているんですよね。たとえば携帯電話のバイブ音、あのブーブーは問題なく分かります。あれは振動で分かるのか？　そういえば携帯から離れていたり、布団の上に置いてたら気づかないや」

そう言うとまたチータンは笑いました。

そして、こんな一言を言い放ったのです。

「大谷さんも、高音、いわゆるモスキート音って、もう聞こえないでしょ？」

――「もう」とは失礼やな！　まぁ実際聞こえてはいないけれど。

「と言うことは、大谷さんもモスキート音に関しては〝聴覚障害者〟よね」

――ウッ（しばし絶句）！……た、た、確かに。

ところで高い音がダメでも、低い音が大丈夫なら「まし」ではないかと思ったあなた！　決して、そんなことはないのです。これは由々しき問題に発展する可能性をはらんでいるのであります。

チータンは学生時代、先生から指摘を受けたそうです。

「気をつけろよ！」

当時は何を言っているのか分からなかったチータンも、大人になって「そういうことだったのか」

と意味が分かったと言います。

「高い音が聞こえなくて、低い音は聞こえる。たとえば、低い男の人の声は聞き取れるけど、子どもや甲高くしゃべる女性の声が分からないわけですよ。同じことをしゃべっていても、聞き取れる声と聞き取れない声がある。これは、誤解される可能性がありますよね。職場で男性社員とは普通にしゃべっていても、後ろから声をかけてきた女性社員の声は分からず反応しなかった。女性社員にしてみれば、無視されたと思いますよね」

——それが怖い先輩だったら、大変なことになる！

「そう。最悪、**あの子は男性社員とばかりしゃべって、女性社員を無視する**と、社内イジメにつながりかねません。社会に出てからは気をつけないと、と思いました。しかし私の友だちには反対のパターンもいます。低い声は聞こえにくいけれど、高い声は聞こえるんです。女性の声は大丈夫だけど、男性の声はダメなんです。私も、お爺さんやお婆さんのような低くてもモゴモゴした声は苦手です」

う〜ん。やっぱり一筋縄ではいかない。その場の環境によって、話す相手によって、聞こえる・聞こえないは千変万化なのであります。

——では声ではなく、生活の中で聞こえない高い音とは、たとえばどんな音ですか？

「代表的なのが、ピッピッピッとか、チン！　といったアラーム音です。当然、電子レンジの音は聞き取れないし、洗濯の終わりを告げる洗濯機の音も分からない。ですから洗濯は時計を見ながら、もう終わったかなと見に行くと、まだ終わっていないこともよくありますね。面倒か、って確かに面倒くささはありますよね」

――聴覚障害者〝あるある〟で電話が困るという話を聞きましたが、チータンの場合は、電話はどうですか？

「かけなければならない時は、かけますよ。その代わり、**受話器から流れる声のボリュームは、音漏れするくらいマックスに設定**します。たとえば私がお母さんと電話で話せば、私から二～三メートル離れている人でも、私の電話からお母さんの声は聞こえると思いますよ。まぁ、三メートルは言いすぎかな」

――おお、決して秘密の話は電話ではできない。これも聴覚障害者〝あるある〟にありましたが「自分が出す生活音の大きさが分からない」「そのため、一人暮らしの際には、過度に生活音に慎重になる傾向がある」のはいかがですか？　チータンも今は一人暮らしだし、意識していますか？

「してますよ！　テレビはイヤホンで聴いていますし。でも私、お笑い番組なども見るんですが。ツボにはまって笑い出したら、止まらないんですよ。〝ゲラ〟なんです。でも、**この笑い声が許される範囲なのかが分からない。**一人でテレビを見て笑っているだけなのに、これで苦情がきたらどうしようかなと思いますよね」

笑っているだけで苦情がくる世界が訪れたら、本当に世も末だと思うのですが、そこまで心配しているチータンが健気であり、少し悲しい。

そんなチータンの耳が聞こえないことが分かったのは、いつ頃のことなんでしょうか？

「二歳検診か、二歳半検診の時に。病院に行ったら『この子、聞こえないですよ』って」

——えっ？　そんなもんなんですか？

「分かったのは遅かったって、お母さんも言っていました。声を掛けたら私は振り向いていたらしいので、お母さんは気にしていなかったみたい。改めて聞くと『今思えば、そこそこ大きな声で呼びかけていたかも』と言ってましたけど。でもたぶん私の聴力も、今ほどは悪くなかったんだと思いますね」

——家族で聞こえないのはチータンだけ？

「私は一人っ子ですが、両親は聞こえています」

——チータンの耳の聞こえない原因って？

「分からないです。私、生まれてきた時に熱を持って生まれてきたそうです。その時投与された薬が悪かったのかな？　でも、原因は分かんないです」

――ではいつ、自分は他人と違うなと思いましたか？

「自分の耳が聞こえないこと、あんまり気にしたことはないんですよね」

そう言ってまた、チータンは笑いました。こんな答えは今回の取材ではチータンが初めてで、そして唯一。その理由をチータンは、こう説明してくれました。

「私は三歳になる前から十八歳までろう学校に通っていましたので、同級生も先輩・後輩もみな聞こえないし、先生方もみな当たり前のように手話やジェスチャーを使って教えてくれるし、自分はもともとこんなんやし。友だちが『なぜ聞こえないんだ？』と聞いてきても、聞こえへんから聞こえへんねんと答えてましたね」

男前の答え。って、この表現にも違和感がありますよね。男だから女だから、という問題じゃない。「前」という漢字を活かすなら、とりあえず前向き。こんな表現など朝飯前。前進あるのみ、前へ！前へ‼　という感じ。

ろう学校に関しては後述するとしまして。ではチータン、ろう学校を卒業して社会に出た時はどうでしたか？　地元の金融機関に就職されますが、大変じゃなかったですか？

「う～ん。社会に出た時も、そんなに大変だとは思いませんでしたね。職場には学校の先輩方も多くおられて、毎年うちの学校から必ず採用してくれる感じで、私もその流れで入社したので。大変ではなかったですね。職場全体の職員数は百二十人から百五十人はいたかな。そのうちの十人ほどが聴覚障害者でした。私の仕事は問い合わせに答えるような仕事です。もちろん、書簡や書類での問い合わせですよ。電話ではありません。紙に記載するか、データで入力。お客さんに対応するわけでもありませんし、一人でできる仕事でしたね」

ノブさんが困ったと言う職場での会議も、時には免除されたり、会議内容を書いてもらうなどの配慮がありましたが、チータンはこうふりかえります。

「先輩方が毎年、何年にもわたって入社しているのに、聞こえるメンバーの中で手話ができる人が意外と少ないんです。二十人から三十人のグループに一人という感じかな。また、手話の勉強会をするわけでもなかったんですよね。もちろん他の会社に比べたら理解はあって、顔を見てゆっくり話してもらったり、筆談してもらったりはしてくれましたけど、本音で言うと、少し期待外れの部分もありましたね」

それが理由ではありませんが、チータンは五年働いたこの職場を、端から見るとあっさりと辞めてしまいます。

さて、その理由とは？

「飽きたから、かな」

――えっ？　飽きたから？

「いやいや、冗談、冗談！　ｏｉｏｉの活動に本腰を入れたかったからなんです」

リョージ君もそうでしたが、チータンもそう。誰もが羨むような職場を蹴って、このｏｉｏｉの活動に賭けると言います。「前向き」という言葉だけでは表現できない〝熱さ〟なのか〝軽さ〟なのか、はたまた〝淡泊〟なのか〝執着〟なのか。何だかそんな表現も「関係ないね」とひょいとまたいで行く感じのするチータンなのでした。

さて地元の金融機関での仕事を辞め、新たに大阪市内で一人暮らしをしながら、チータンは居酒屋でアルバイトを始めます。今はキッチンで調理を担当。

耳が聞こえにくいことで、仕事に支障はないのでしょうか？

「ホールでオーダーを受けたら、キッチンに紙が出てくるシステムで、そのオーダー表を見ながら調理するから問題はないですよ。調理場であれば、他の人とコミュニケーションも取れます。ただ、キッチン台を挟んでのホールのスタッフとのやりとりは、少し難しいですね」

チータンは言います。

「でも、今後はいろいろな仕事をしてみたいですね」

たとえば居酒屋であれば、今後はホールに立ちたいとも言います。

「聞こえない人の仕事をもっと広げたいなと思っています。耳の聞こえない人って〝裏〟の仕事が多いかなと。あまり表に立つことがないと思いませんか。たとえば居酒屋のホールにだって立てるんだよ、と見せたいというか。そうなった際には、じゃあどんな配慮が必要なのかを考えていきたいと思うんですよ」

——でも、補聴器の性能だって今後上がっていって、そうしたことがもっとたやすくなる時代がくるのではないでしょうか？

「補聴器の性能がよくなっても、う〜ん」

チータンはいったん話を区切りました。ありゃ？　またピント外れの話をしてしまったのか？　ちょっと不安になったところで、チータンはこう話し始めてくれました。

「補聴器の性能がよくなっても、結局、自分の身体に合うかどうかなんですよね。私の耳の問題。私の聞こえない高い音を、私の聞こえる範囲の音に変換してくれる機能を持つ補聴器もあります。でも、私はその補聴器で聞く音が、嫌いなんです」

——なぜですか？　聞こえなかったものが聞こえるようになった。そのどこが嫌なんですか？

「補聴器をつけると、人の声が同じように聞こえる。誰がしゃべっても、ほぼほぼ同じような声になる。それが気持ち悪い。確かに自分の聞こえる範囲に補聴器が変換してくれているんですが、誰の声も機械のような声に聞こえる。本当に気持ち悪い。私は、その補聴器をつけるのは絶対嫌。自然に聞こえるのがいい」

なるほど、そうなのか。

少し想像してみてください。周囲には大勢の友だちがいる。もちろん顔や姿はみな違う。その友だちが順に話しかけてきた。

「やぁ、久しぶり」「元気?」「こんにちは」「おはよう」

みな口々に挨拶をしてくれるけれど、声は誰も彼もみな同じ。もうこれはSFホラーだ。タイトルは「AIに乗っ取られた世界」。うわぁ、これは嫌だ。チータンの嫌悪感はよく分かる。

では、今後の社会で望む一番のことは? というボクの質問に対して、「機械の性能は今後高まっていくだろうけれど」と技術の発展に期待を寄せつつも、チータンはこう話すのでした。

「教育かな。小さい時から授業でも、世の中には聞こえない人もいることをドンドン紹介してほしい。そして、聞こえないとはどういうことなんだろうということを、みんなでもっと考える機会を設けてほしい。でも〝聞こえない〟ことを外せば、健聴者も聴覚障害者も一緒だと理解してほしい。小さい時って、そうしたことって自然と身につくというか、体験を通して学ぶじゃないですか？　でも人間って成長するにつれ、分けたがる。〝聞こえる人〟〝聞こえない人〟って。そして、あの人聞こえないから、よく分かんない！　となる。だから早くから知ってもらって、子どものような純粋な気持ちを育ててくれればいいなと思いますね。〝聞こえる〟〝聞こえない〟のレッテルを外せば、みな一緒だってことを、早い段階から皆に理解してほしいなと」

そう真面目な顔で話し終えた後、チータンが「そう、そう！」と、こんな話を教えてくれました。

「バイト先のキッチンの主任さんや、同じバイトで働くおばちゃんが手話の本を買ってくれていて、ある日〝**おはよう**〟**と手話で言ってくれました。**それは、うれしかったな」

そう言ってチータンは、目一杯の今日一番の笑顔を見せてくれたのでありました。

12 ろう学校に行ってきました

奈良県立ろう学校へ

ＪＲ大阪駅から環状線に乗って、構内まで焼肉の匂い漂う鶴橋駅で下車。近鉄電車・奈良線に乗り換えて、さらに大和西大寺駅からは橿原線に。そこから各駅停車で五駅目。降り立ったのは、奈良県の北部に位置する大和郡山市の筒井駅。

駅から少し歩けば閑静な住宅地、と言うか、実に歴史を感じる町なみ。駅から北東に五分程度歩くと、畑の中に「筒井城跡」の看板が。あぁ、ここが戦国時代の大名「筒井順慶」の居城跡か。ならばここは城下町、歴史を感じるはずだと思いながらも、立ち止まることもなく足を進めると、いきなり大きな道路が顔を出します。奈良県道一〇八号大和郡山広陵線です。この道まで出ると、空が広いなぁと思います。周囲に一切高い建物がないからです。

取材に伺ったこの日も、頭上から、この大空を独り占めしているヒバリの気持ちよさそうなさえずりが聞こえました。駅から十五分程度歩いたでしょうか。

この県道を横切って小道を下ると、そこが今日の目的の場所。「奈良県立ろう学校」です。

その歴史は古く、大正九年に設立された「私立奈良盲唖学校」が前身。昭和六年に奈良県立盲唖学校となり、昭和二十四年には盲学校と聾学校が分離、さらに昭和四十四年に現在の場所に移転して、今の「奈良県立ろう学校」に校名変更されました。


さて皆さんは、ろう学校に関してどんなイメージを持っておられますか？

何となく**シーンとしたイメージ**はないですか？　ボクはそう思っていました。

外観は、普通の学校となんら変わりありません。校舎に入り、玄関の目の前が、校長室。そこから順に校舎の中を、校長の広中嘉隆先生にご案内いただきました。広中先生、ありがとうございます。

まず三階建ての本館があって、別棟の建物がいくつか並びます。さらに寄宿舎もある。なかなか広いぞ。やはりイメージ通り、シーンとした感じが漂います。


さて、皆さんに質問。ろう学校というからには「学校」であるわ

★学校の全景

けですが、何年生が在籍しているでしょうか？
ボクは全く知りませんでした。まず、年齢の高い順からご紹介していきましょう。

「高等部」です。一般の高等学校に準ずる教育課程で大学などへの進学を目指す普通科に加え、木材加工や金属加工など、工業系の内容を中心に学習する産業システム科、情報処理や簿記・調理など商業・家庭系の内容を学習する生活情報科の三学科が設けられています。生徒の数は二十二名。

次に「中学部」。生徒の数は三十三名。そして「小学部」。こちらは児童の数、三十八名。さらに「幼稚部」もあって、三歳から就学前まで十二名の幼児がいます。「学校」と名がついてはいますが、幼児も通っているのです。聴覚障害の場合は、少しでも早く専門教育を受けることが重要だからです。

そこで、この学校ではさらに「早期教育部」もあって、〇歳児から一歳児、二歳児までの早期教育相談も行っています。親子での遊びを通して、コミュニケーションの深め方や「ことばの獲得」を図っていくことを目指します。

もちろん適切に調整された補聴器をつけることも重要。ですので、幼稚部棟の中に「教育相談室」という部屋が設けられ、その廊下の突きあたりには「聴力測定室」という町の補聴器屋さんにありそうな、いやいや、もしかしたらそれ以上の立派な測定室も設けられていました。

小さな幼児であっても遊びながら聴力をテストできる設備もあって、さすがろう学校という感じ。そうした施設を校長先生の案内で、ぐるりと見てまわったんですが、確かに、階段や廊下はシーンとしている。

そりゃそうですよね。在校生は幼児・児童・生徒合わせて百人余り。それに対して校舎はそこそこ広いものだから、シーンとしています。しかし一歩、教室に入ると、なかなか元気な声が飛び交うのでありました。

「はい！」「は〜い！」

子どもたちの大きな返事。ただ、一クラスに三人だったり四人ほどしかいないので、普通の学校のように校舎全体から子どもたちの声がこだますることはありませんが、教室では大きくて元気な声が飛び交っているのであります。「ろう学校」＝「静寂」とは、完全なる思い違いなのでありました。

たとえば、小学一年生のクラスでは「き」を使った言葉を教えてくださいと先生が言うと、子どもたちは勢いよく手を挙げ「きいろ」「かき」「きのこ」「きく」と、手話を使いながら答えていきます。

明瞭に声を発する子どももいれば、そうでない子どももいます。手話だけで答える子も。このクラスでは四人の児童に対して先生二人で対応していま

★授業の様子

した。全体でもだいたい二対一の割合だそうです。

教育課程は基本的には一般の小学校と同じで、教科書も同じものを原則使用しています。それは中学校でも同じだといいます。

あっ、そんな説明を受けながら各教室をまわっていると、チャイムが鳴った。授業終了や授業開始を知らせる、あのキーンコーンカーンコーンというチャイムです。

――ろう学校でもチャイムは鳴るんですね？

「鳴りますよ。半分ぐらいの児童・生徒は、チャイムの音は聞き取れていると思いますよ」

――そうなんですね。何だか知らないことばかりで、本当に恐縮です。さらに失礼な質問といいますか、あまりに知らなさすぎだと叱られるかもしれませんが、普通に、本当に普通に授業をしておられるんですよね？

「結構、それは言われます。ですので、皆さんには〝普通に〟授業をしていること、そして生徒たちは楽しく学校に来ていることを、知ってほしいですね」

はい。知りました。そして、伝えていきます。

授業では、もちろん先生方は手話を使いながら子どもたちに教えていくわけですが、先生方全員が、そもそも手話が得意だったかというとそうでもないようです。

先生方も公務員で県職員。人事異動でこの学校に配属されたわけですから、青天の霹靂でこの学校に来た先生もおられるかと。そうした先生方は、さて、どうするのでしょうか？

広中校長先生が、こう教えてくださいました。

「**手話を知らずに着任される先生もおられます。**そうした先生方には校内での学習会を受けてもらいます。もちろん、個人でも地元の手話教室に通うなどして学ばれます。あとは、実際に手話を使いながら授業をして、経験を積んでもらうのも重要ですね」

――それでも、やっぱり手話は苦手だと言う人もおられるのでは？

「そうですね。苦労される方もおられます。でもそうした先生方は、手話だけでなく、文字とか、絵だとか、映像なども使いながら工夫して授業を進めておられます。手話の上手下手はあまり関係なく、その手話を一生懸命使ってコミュニケーションを取ろうとしてくれることで、子どもたちは安心して授業を受けることができるんです」

そういえば、どの授業も視覚に訴える工夫がここかしこで見て取れました。低学年では、先生の手描きの「絵」だったり、高学年になればパソコンやプロジェクターを使ったり。そして、どの先生も表情が豊か。それも重要なコミュニケーション能力なのでしょう。

広中先生は、こう言います。

「**ろう学校の先生には、高い能力が必要**ですね。普通に授業ができる能力と、そこに手話ができる能力も求められるのですからね」

こんなお話も広中先生からは伺いました。かつてここに来る児童・生徒は、聴覚障害が原因で受け入れてくれる学校がないことから、消去法でこの学校を選ぶケースも多かったそうです。

しかし最近は、軽い難聴の人でも積極的にこの学校を選び、そして入学するケースが増えたと言います。それは、やはり先生方の質の高さや、手厚い支援が支持されているのでしょう。しかし残念ながら、それだけが要因ではありません。

広中先生は、こう続けました。

「中間的というか、軽い障害の方のほうが、理解してもらいにくい傾向がありますよね。しゃべっているから聞こえているんじゃないか、とね。そうした子どもたちは一般学校では適応しにくいというか、理解してもらいにくいと言うか、やっぱりイジメの問題などもあって、ろう学校に来たい人も最近は増えているんです」

人はなぜ、自分と少し違うだけでイジメに向かうのでしょうか。ｏｉｏｉのメンバーも多い少ないの差はあるにせよ、イジメを受けた経験があると言います。

イジメに関しては改めてご紹介するとしまして、このろう学校に、平日の授業がある時ではなく、日曜日にもう一度伺いました。それは、ある部活動、それも、ろう学校にもあるんだ!? という部活動を取材するためでした。

五月半ばの日曜日の午後、誰もいない校舎を抜け、体育館に。そこで彼らは朝から練習を積んでいたのです。部活動の顧問で生徒指導部長の綿井朋子先生は、こう胸を張って説明してくださいました。

「ろう学校の中で、ですか? ないです、ないです。全国にろう学校は百校ほどありますが、全国でもウチだけだと思いますよ」

そんな希少な部活動とははたして何か?

実は演劇部なのです。

アカリさんとチータンも、この学校に通い、演劇部に所属していました。現在部員は中等部・高等部合わせて十一人。この日は、中二から高三までの部員七人が、発表会に出す演目の練習に励んでいました。

そりゃ、一般の学校であれば、演劇部は決して珍しくはないでしょう。しかし、ろう学校ですよ。実際、発声もままならない部員もいる。では、どうやって演じるかというと、手話のみを使って、すなわち声は使わずに演じるのです。

ですから、休憩中はにぎやかな部員たちも、ひとたび「スタート!」という先生の掛け声がかかると、一切、声を出さずに手話やジェスチャーのみで演じていきます。

声を発しない分、体育館シューズのキュウキュウと鳴る音がよく響きます。発表会の際には、舞台横に字幕が流れるので、手話ができない人にも台詞やストーリーを追うことはできますが、練習中にはありません。手話ができないボクは、想像しながら様子を見るしかないのですが、コメディだと事前に聞いていましたし、舞台設定も聞いていましたので、ほぼ理解はできました。

とりあえず、皆、楽しそうなのがいい。元気なのがいいです。

ところでこの演劇部は今から十六年前、生徒から「演劇部を作ろう！」という声が上がってきたのをきっかけに創部されました。当初部員は〝やんちゃな子〟が多かったと綿井先生は振り返ります。

「パワーを持っている。力は大きい。けれど、それを発散させる場がなくて、いろいろと問題を起こす生徒が多かったですね。ですから、演劇の指導をするよりも、生徒指導している時間のほうが多かったですね。でも、そのパワーを別の方向に向かせてやりたかった。それが演劇部のスタートです」

そこから、先生と生徒の皆さんによるまさに手探りで、ろう学校らしい演劇部作りを進めます。その努力が実を結び、二〇〇六年、二〇一〇年、そして二〇一四年には一般の学校に交じって奈良県大会で勝ち進み、最優秀賞に選ばれた輝かしい実績を持つ部活動なのです。

綿井先生が説明してくれました。

「他の学校は、当然ですけど、音声を使って伝えるスタイル。うちの子たちは、声は出さないのが基本です。音声の伝達ではなく、身体全体で、息づかいだったり手話を介して表現します。感情表現も全部身体でする。それが評価されたのだと思います。音声はないけれど表現する可能性は幅広くて、声だけでは処理できないことが実はいっぱいできるんです。手話、顔の表情、ジェスチャー、リアクション、彼らはいっぱい出してくれるので、声をメインにするお芝居とは全然違う、この子たちならではの自己表現ができる場だと思いますね」

「自己表現」という言葉が、綿井先生のお話からは何度も出てきました。

聴覚に障害のある彼らにとって、今後の人生を歩んでいく上で、大きな〝武器〟になるはずだからと綿井先生は熱く語ります。

「自己表現させたいんです。**まわりに自分のことを分かってもらうためには、自己表現、自己発信するしかない**じゃないですか。いろんな手段を使ってでも、分かってもらう必要があるかなと思います。人前でも、ちゃんと伝えられるようになってほしいです。たとえば、聞こえる人に対しても物怖じせず、自分から立ち向かっていけるようになってほしいですね」

練習の合間に、先生には手話通訳をお願いして、演劇部の部長だという高校二年生の男子生徒から、少し話を聞きました。

そのやりとりの雰囲気を感じていただきたいので、彼の発言部分にはひらがなを多用しています。ご理解ください。


――演劇部は楽しいですか？

「たのしいです」

――どこが楽しいのですか？

「じぶんのありのままを、えんりょせずに、出せるからです」

――自分の〝ありのまま〟って？

「おおきな声でわらったり、手話したり、おおきなじぇすちゃーをしたりすることです」

――では、普段は遠慮して、そうしたことができないでいるのですか？

彼はちょっとだけ間をとり、少し考えてからこう答えました。

「まわりの目がきになって。つめたい目でみられているとおもうので」

ボクは、「そんなことないですよ」とは即答できませんでした。答えに困ったボクは、十分大人で、また十分ズルいので、彼の背中をパーンと叩いて「よし！　がんばれ！」と言ってその場を取り繕いました。

彼はもう十分がんばっているはずなのに。ごめんなさい。こんな時はどう答えたらいいのでしょうか？　誰か教えてください。

今一度、綿井先生に伺いました。

こうした経験は、社会に出てからも、必ず役立ちますよね？

「最後までやり続ける。やり遂げる。何回も挫折しながらも、また復活する。その繰り返しですよね。そうした経験って重要ですよね。それが大きいですよね」

綿井先生は、こうもおっしゃいました。

「正直、大変です。ほぼ毎週末ごとにこうした練習をしなければならないし。その時期、その時期、私も必死なんです。でも生徒がここに、こうしてがんばっている限りは、私もやり続けたいと思いますね」

取材が終わってボクが体育館から出て行った後も、当然その日の練習はまだまだ続いていました。

最後にもう一度、校長の広中先生に伺いました。

――改めて、社会や世間に向けて訴えたいことはありませんか？

「手話に対してはずいぶんと理解が深まったと思います。また、そうした手話を使っている〃聞こえない人〟がいることに対しても認知は広まったと思いますね。でも、その〝聞こえない人〟にもいろいろいて、手話を使っていない人とか、軽い難聴で困っている人、その反対で重い障害で困っている人とかいろいろいることを、もっと知ってほしいですね。**聴覚障害者＝聞こえない人といったステレオタイプでのみ理解されている。**確かにそれはそれで必要なことなんでしょうけれど、一方でいろいろな人がいることを理解してほしいですね」

先生！　まさにこの本を出そうと思ったのも、そういう趣旨からなんですよ。この本がそうした理解が進む一助になれば、ボクもうれしいです。

——では、先生にとって一番うれしい瞬間とは、どういう時ですか？

「子どもたちが、いろいろなことを身につけて成長して、社会に出ていって、いろいろな活躍をしていることを見聞きする時が一番うれしいですよね」

——実際、ｏｉｏｉのメンバーのアカリさんやチータンもそうですし、その他にもさまざまな企業や大学、福祉施設でも活躍されている卒業生は大勢おられますよね。その要因は何だと思いますか？

「我々は、自分で考えて、自分で判断して、自分から意欲的に学ぶ子どもたちを生み出したいと思っています。そうしたことが、社会に出てからも自分で道を切り拓くことにつながっているのかもしれません。社会で通用する基礎になる力をこの学校で育めているのかなと思いますね」

全然知らなかった〝ろう学校〟。しかし、その意義は実に大きいものでした。最後に、広中校長はこう話されました。

「社会で活躍できる卒業生を送り続けたいですね。そして、その卒業生の何人かが教員免許を取って、うちの教員になって、次の子どもたちを育てていってほしいですね。そうやって、世代を超えてつながっていっていけばいいですね。この学校が、そんな**卒業生たちの〝ふるさと〟であればいい**ですね」

アカリさんに、チータン！　君たちには素晴らしい故郷があるんだよね。とても羨ましく感じました。

奈良県立ろう学校の皆さん、取材におつきあいいただき、本当にありがとうございました。

13 障害者・健常者どちらの気持ちも分かる

〝タク君の場合〟

秘密ごとが増えると困る

「補聴器を外すと、もう全然聞こえないですよ」

——その聞こえなさをたとえるとしたら、どんな感じでしょうか？

「そうですね。野球を応援する際のメガホンを僕の耳に当ててもらって、まあまあ大きな声を発してもらえれば……うん⁉　と気づく感じでしょうか？　おっ、スゲェ、聞こえているぞ、という感じかな」

そう話すのは、福井拓大君。今年二十三歳。身長百八十六センチの偉丈夫です。今回個別にインタビューを受けてくれたメンバーでは一番の若手で、まだ学生さん。ｏｉｏｉの中では「タク」と呼ばれています。

そんなタク君の聴力は、左右ともに百デシベル超え。高度難聴と呼ばれる域です。

——タク君以外の家族は皆さん聞こえるの？

「はい！　両親も一歳下の妹もみんな聞こえています」

——じゃ、タク君だけが聞こえないのは、何か原因があるんですか？

「はっきりした原因は分かっていません。先天性というか、生まれた時からなんですが、母親が言うには『お前を出産する時破水をしたんだけど、その後すぐ生まれることなく、二〜三日経ってようやく生まれた。それが原因かもしれない』と」

――詳しくは調べなかったのですか？

「**調べても意味がない、聞こえないことに変わりない**から、と母親は言ったそうです。そんな母親なんです」

――ではご自身で、自分の耳は聞こえないんだと自覚した瞬間は？

「実は早い時期から、聞こえないことを認識していました。というのも、母親が『うちの息子は聞こえない』といろいろなところで言っていたからです。オープンな親で、何も隠さなかったんです。小さい時からいろいろと連れまわされましたね。他の子どもにも、よく『この子、聞こえないけれどよろしくね』と言ってましたね」

タク君のおしゃべりは実に流ちょう。

本人も「日常会話は一対一であれば、ほぼほぼ分かる」と言います。それは、お母さんが本当に早い段階から、タク君の耳が聞こえないことを受け入れ、口話の練習をくりかえし何度も何度も行ってくれたからに他なりません。

「お母さんは、**ずっとしゃべりかけてくれていましたね。**『くるま』という単語を、三百回から四百回、ずっとくりかえしていました」

その時のお母さんの気持ちは、どういうものだったのでしょうか？「くるま」「くるま」「くるま」と三百回も四百回もくりかえし発音し続ける母の思いとは？　そこは別途ご紹介するとして、タク君の話に戻りましょう。

そうしたお母さんとの練習の賜物か、タク君はこうふりかえります。

「小学校の高学年になるまでは、聞こえなくて困ったことなど、ほとんどなかったように記憶しています。小学校の低学年までは、しゃべることより遊びがメインだったので、大して困らなかったですね」

――なるほど！　そうなのかもしれませんね。しかし小学校も高学年になると、困ってきたことが出始めた？

「そうなんですよ。なぜだと思われますか？」

おっと逆質問。思わぬ〝攻撃〟に思わず口をパクパクしていると、タク君は少し勝ち誇ったような顔で教えてくれました。

「秘密ごとが増えてくるからですよ！」

秘密ごとが増える？　それでなぜ困る？　引き続き口をポカーンと開いているボクの顔をうれしそうに見つめてから、タク君は続きを教えてくれました。

「小学生も高学年にもなると、○○君は○○ちゃんのことが好きだといった恋愛に関する話題が増えるから。そして悪口が増えるから、話が読み取りにくくなるんですよ」

――恋愛話、よくいう恋バナとか悪口って、聴覚障害者には聞き取れない、読み取れないものなんですか？　それは意外。それは、どんな理由ですか？

「悪口や恋バナは、みんな口元を隠して話すからですよ！」

なるほど！　確かに！

そうした話は声をひそめるもんですね。誰もメガホンなどは用いない。思春期に入ると一挙に聞き取りにくいシチュエーションが増えることは想像に難くない。

「そうなると、困ることも一挙に増える。友だちは言った。僕もそれを知っていると思われてる。でも、僕には分からない。何の話だろうと思っているうちに話は終わっていく。そんな場面が増えるんですよね。高学年ともなれば、さまざまなグループができる。そして秘密の話が増える。噂話が増える。僕は何も分からない。そうした場面が本当に増えてきて、僕の〝困った〟も増えるんです」

「聞こえたふり」を覚えました

さらに「そうか！」と思ったエピソードも教えてくれました。

「高学年になると、林間学校や修学旅行などに行くじゃないですか。夜とか、だいたい〝ワルイこと〟をしたいじゃないですか。部屋で持ち込み禁止のマンガをまわし読みしたりね。でも、先生が巡回に来る。友だちは先生の足音に気づいて、マンガを片づけ、寝たふりをする。でも僕は、その音に気づかないわけですよ。先生が部屋の扉を開けて『コラッ！　まだ起きているのか？　何をしてる？』と怒鳴られた瞬間、**起きてマンガを読んでいるのは僕だけ。**みんなはおふとんの中。でも他のメンバーもマンガを持ってきたことが後で分かって、全員が叱られる。そこで『お前のせいだ！』と友だちから叱られる経験もありましたよね。改めてふりかえれば、当時僕は友だちで苦労していたかも？」

――それは、どういうことですか？

「僕には、たくさんの友だちはいました。でも本当のところ、そんな友だちと本当に心から打ち解けていたかというと、さて、どうだったんだろうと思いますね。少し寂しい時もありました」

――そうか。**秘密を共有できない**のでは、なかなか真の友情は育めないかもしれませんね。では、授業のほうはどうでしたか？　苦労はなかったですか？

「苦労ではありませんが、授業ごとに、先生の声を電波で僕の補聴器に飛ばす機器、エフエムマイクを先生につけてもらうんです。それをすると、先生の声が大きく、かつ明瞭に聞こえるんですね。一番最初の授業は、先生に僕の耳は聞こえないことを説明して、このマイクをつけてくれませんかとお願いします。小学校時代は、担任の先生がどの授業も担当するので、一日一回渡せばいいんですが、小学校も高学年になり、中学・高校になると、授業ごとに先生が変わるたびにそのお願いをしに行かねばなりませんし、授業が終わったらそれを回収しにいかねばなりません。時には忘れて、そのまま職員室に帰っちゃう先生もいて。それは面倒でしたが、先生はたいがい『ああ、分かった』と、機械をポケットに入れて授業を進めてくれるので、先生の話を聞くには、あまり苦労はなかったですね」

——今、「先生の話を聞くには」と、但し書きのようなコメントをつけられましたが、それ以外は苦労があった？

「そうなんです。まわりの発言に苦労しました。この機具をつけると、**先生の声はよく聞こえるようになりますが、まわりの声はシャットアウトしてしまう**んですよね。先生が『○○君！』と当てる。そして○○君が発言する。しかし○○君の声は全く入ってこないんです。先生の声だけが聞こえる感じです。先生が質問を受けつける。質問はしたいんだけれど、他の生徒が先に質問をしていたら、僕の質問内容は同じかもしれないと思って、結局、質問をあきらめることもあります。大学の授業は、質問すれば評価点が上がると分かっていても、やっぱりできないですね。質問がかぶって、『それ、さっき答えましたよ』と言われるのが怖くて」

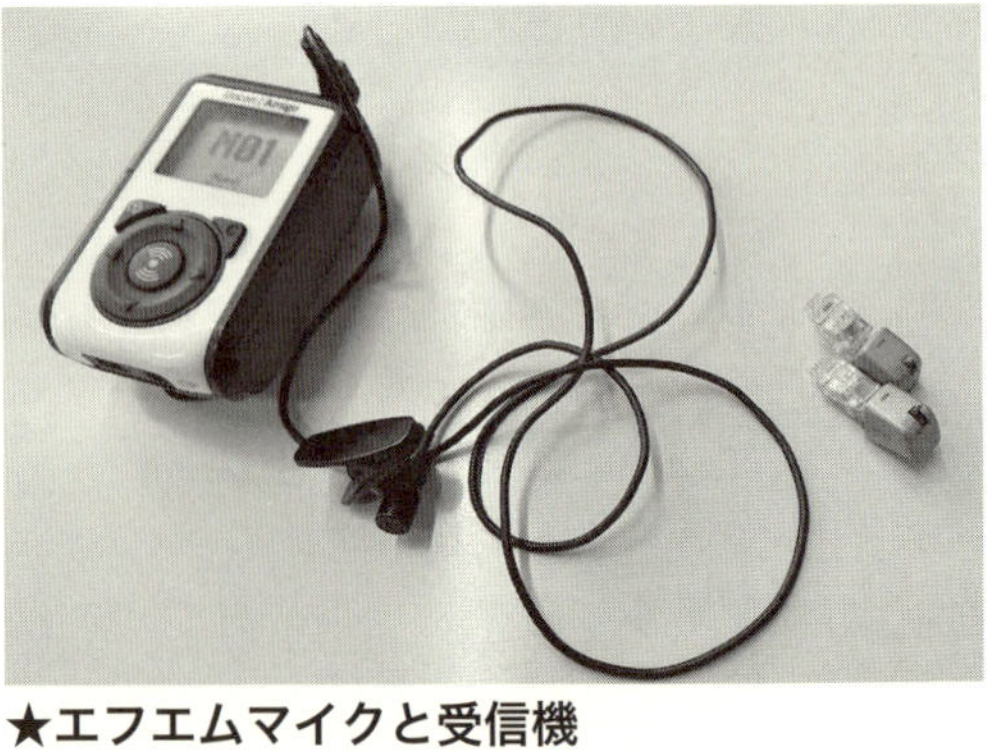

★エフエムマイクと受信機

――大学ともなれば、一方的に先生の話を聞く形式だけでなく、グループワーク、グループ討論の機会も増えるはず。これも、なかなか難しいのでは？

「一対一のコミュニケーションは大丈夫なんですよ。でも三人以上になるとつらいかな。大勢参加してるパーティーも楽しくないですよね。今、何の話で盛り上がっているか分からない。でもね」

そう言うとタク君は、いたずらっ子の顔になって続けました。

「でもね、**聞こえたふりを覚えました。**話についていけてないと思われるのは嫌だから。笑うタイミングも分かるようになった。相づちのタイミングも上手くなった。相手が話をしている。その話が終わったタイミングも見ていて分かる。終わったなと思ったら、へえ、そうなんだと言う。これでバッチリ！」

――いやいや、そうとも限らないでしょ？

「確かに、話の終わり方が『で、どう思う？』と僕が聞かれている場合もあって、でも僕はいつもの通り『そうなんだ！』と答える。相手は『エッ⁉』『ウン⁉』となる時はありますよね。分かったふりをするのはよくないと分かってはいても、**そう答えないと、僕の居場所がなくなってしまう。**そう思っていたからです」

もう一度書きますが、タク君の身長は百八十六センチ。実はタク君、聴覚障害者で編成されるデフ・

ラグビーの日本代表にもなったラガーマンです。まさに鋼のようなボディを持つタク君のハートは、実はガラスのように壊れやすいのかもしれません。

……って、ラグビーをする際にも耳の聞こえないことで困ったことがあったのでは？　そもそも、ラグビーをまずやろうとよく思いましたね？

「父がもともとやっていたので。父は僕より大きくて百九十二センチあるんですが、そんな父のラグビー練習に連れていかれたのがキッカケです」

——補聴器は外してプレーするんですよね？

「もちろんです。タックルにもガンガン行きますので」

——監督の指示は？

「もちろん聞こえません。指でのサインだったり、口話で伝えてもらいます。ただプレイ中に、途中で審判のホイッスルが鳴っても、当然聞こえないので、僕だけボールを抱えて無駄に走り続けていた、なんてことはよくありましたよね」

——ところでタク君は、手話を身につけたのは実は遅くて、大学に入ってからなんですって？

「そうなんです。**実は手話を使うのが嫌いだったん**です」

——手話が嫌い？　それはなぜ？

「バスや電車の中で手話を使っていると、周囲の人って、めっちゃ見てきませんか。何をやっているんだろう？　という奇異な目つきで。それが嫌でした。でもｏ・ｉ・ｏ・ｉと出会い、手話の新しい可能性を知って、見るなら見てくれ、と思うようになりましたし、今は〝**どうだ！　すごいだろう**〟とも思えるようになりましたね。こっちを見てるな、と思えば、もっとオーバーに手話をしてやれ、と思います。遊園地に遊びに行った際、こっちを見ているなと思える子どもたちがいたので、オーバーに手話をしました。すると見ている子どもたちが、真似をして手話らしきことをし始めた。たぶん、馬鹿にしているんだろうなとは思うけれど、手話のことを気にしてくれることは大事だし、そこから手話のことも好きになってくれればうれしいなと思いますね」

大学卒業後の夢を語ってくれました。

「教員になりたいです。支援学校の先生に」

――採用試験を受けねばならないわけですが、聞こえないことに対する配慮はあるんですか？

「筆記試験であれば『残り十分です』『残り五分です』と残り時間を担当者が紙で見せてくれるそうです。ただ補聴器は着用の許可をもらわなければなりません。カンニング用に、外部からコッソリ情報を得るような通信機とまちがえられないように、というのが理由だそうです。面接試験は、筆記で伝えてもらったり、手話通訳がつくと先輩方から聞いています。聴覚障害がありながら教師になった先輩は結構おられます」

——タク君は、いつから教師を目指そうと思ったのですか？

「高校の教育相談の時、たまたまろう学校に行く機会があって、先生方とお話ができました。僕は聴覚障害がありますが、一般の学校で学んでいました。ですから障害の友だちも健常の友だちもいますと話すと、先生方から『では障害者、健常者どちらの気持ちも分かるのでは』『先生になれば、そうした経験を活かすことができるよ』って。さらに支援学校で勤務すれば『聞こえない大変さや困難を、子どもたちと共感しあえる』『子どもたちにとって憧れの先生になれるのでは』と言われました。もともと、人に教えることが好きだったし」

タク君はそう言うと、少しだけ、本当に少しだけですが胸を張ったように見えました。確かにタク君には先生が向いているかも。

がんばれ！　自らの未来は、自らの手で大きく拓け！　それこそが君の名前なのだから！

がんばれ、タク！　がんばれ、拓大‼

14 幸せをいっぱいもらいました

〝タク君のお母さんの場合〟

泣いた経験ですか？　一回しかないですね。

「一回だけ。タクが三歳か四歳の時だったかしら。ベッドに入って寝ようかなと思った時に〝タクは、どうして聞こえなくなったのかな？〟〝どうしてタクなんやろなぁ？〟と思って、その時、初めて泣きましたね。それまでは必死だったので、そんなこと考えたこともなかったし。その後も考えなかったので、**泣いたのはこの一回限り**ですね」

そう話してくれたのは、タク君のお母さん・福井綾子さん四十九歳です。

お母さんとは職場の近くで待ち合わせをしたのですが、その場所でお母さんをなかなか見つけられませんでした。というのもタク君は前項で紹介した通り、百八十センチを超す大柄な青年ですが、お母さんの身長は百五十二センチと小柄で、実は目の前におられたのに分からなかったのです。

しかし、やっぱりタク君のお母さん、お話の内容はパワフルで、前向きで、元気いっぱいだったのであります。

「タクの出産の時ですか？　もちろん覚えていますよ。予定日より一週間遅れていて、診察を受けている際に破水したんですよ。そのまま入院となって、これで生まれてくるのかなと思ったんですが、陣痛がなかなか来なくって。心音を測るとすごく元気なので帝王切開にはならず、でもあいかわらず陣痛は来ず。ただ〝**産むのやめます**〟**というぐらいの痛み**が続いて、丸二日四十八時間経って最終的には看護師さんが私のお腹に乗って、押し出すように出産しました。四〇一〇グラムの大きな赤ちゃんでしたね。看護師さんからは『おめでとうございます』と言われ、その時は聴力検査などしませんでした。お乳もちゃんと飲むし、すくすく育つし、目も見えてくるし、笑うし。今となっては、出産時の酸素不足でタクの耳は聞こえなくなったのではと推測していますけど、その時は何も問題など感じませんでした。ただね。ただね」

――ただ、なんですか？

「ただ私の母親、すなわちタクのお祖母ちゃんは何となく疑問に思っていたみたい。何となく、彼の反応がね。私も、名前を呼んでもふり向かないなど〝反応が悪いな〟と思うことがあって、三カ月か四カ月検診の時に保健所で、〝この子、聞こえてないのでは？〟みたいな質問をしたら『お母さんは心配し過ぎ』『子育てはそんなに焦っちゃダメだよ』と言われて、私も初めての子だから分からないし。でもやっぱり気になって八カ月検診の時に再び尋ねてみると、今度は医大の先生にも『お母さん、気にし過ぎ』と言われて。でもその時は私、言い返したんです」

――何て？

「ちょっと待ってくださいって。気にし過ぎと言われるけれど、医療の世界では早期発見・早期治療が重要だと言うじゃないですか。それをこの子の場合は、このままにしておいていいのですかって」

――すると、先生は何と？

「先生は『お母さん！　聴覚障害は治りません。もし聴覚障害であったとしても治療で治るものではないので、一歳二カ月検診の時にも言葉が出ていないようだったら、その時はお母さん、様子を見たらどうですか？』と言われたんです」

これはひどい。確かに医療・治療の面からはそうなんでしょう。しかしその後の、子どもの発達・生育の面からすれば、あまりに無責任な発言。第三者からはそう言えるのですが、初めての子育てで医師から言われれば、それに従ってしまうに違いありません。

タク君のお母さんもそうでした。しかし、その二カ月後のことです。お母さんが、車にタク君とタク君の祖父母を乗せ、コンビニまで行った際のことです。

駐車場に車を止めました。タク君はすやすやお昼寝中。そこでお祖父ちゃんは「タク君と車の中で待つよ」となって、お母さんとお祖母ちゃんが外に出たんですが、その時ドアをいつも通り思い切りバ～ンと閉めちゃった。お祖父ちゃんは〝なんてことをするんだ、タクが起きてしまうじゃないか〟とあわてて孫を見てみると、何も変わらずスヤスヤと眠ったまま。

買い物から帰ったタク君のお母さんにお祖父ちゃんはこう言ったそうです。

「おまえ、覚悟をしろ！　この子の耳は聞こえない」

そこから福井家の対応は早かった。

タク君を医大に精密検査に連れて行きます。そして、聞こえないことがここで明らかになります。

その時の気持ちを、タク君のお母さんはこうふり返ります。

「そうか、聞こえないのか。じゃあどうすればいいの？」

実に冷静。そして、あらゆる情報を収集し始めます。

テレビ・新聞はもとより、あらゆる人を介して〝聞こえない子ども〟に何が必要かを探ったのです。そのために重要だったのが、情報開示。すなわちタク君の耳が聞こえないことが分かった瞬間から、周囲にそのことを公表したのです。

「うちの子は耳が聞こえない」

「どうしたらいいかを知っている人はいませんか？」

「同じような障害を持った子どもを持つ人はいませんか？」

家族が揃って声を上げたのです。すると、とある学校の元校長先生で、その方の娘さんも耳が聞こえないという人を紹介してもらいました。もちろん会いに行きます。そこで、こう言われるのです。

「確かに治るものではありません。それだけに、早くろう学校に行きなさい。そこで、少しでも早く訓練を受ければ、しゃべれるようになる。まず早く、その子に言葉を届けることが大事です」

そうアドバイスを受け、タク君が一歳になる前にろう学校を訪ね、その後、週に一～二回通います。

そこで言われたのが「重要なのは、声を届けてあげること」と「一つの単語を二百回言ってください」でした。

まず声を届けるために、乳児用の補聴器をタク君につけます。最初は嫌がって外そうとします。しかしそうしないように、お母さんは寝る時以外、ほぼ食事もしないでタク君を一週間抱き続け、耳に手が行きそうになるのを防ぎます。そうすると補聴器への違和感も薄れ、ちゃんと補聴器をつけるようになりました。

そこから指示通り、**一つの単語を本当に二百回言う**ようにしたのです。二百回ですよ！

どうやって、そんなことができるのでしょうか？

体験と言葉をマッチングさせる

「普通なら、たとえばお茶をするにしても、はい！　今からお茶飲もうね、ですみますよね。でもタクには、今からお茶飲むよ。お茶入れるよ。お茶、ジャー。お茶飲めるから。お茶飲んで。お茶おいしかったね、と〝お茶、お茶〟とずっと言っていましたね」

なるほど。まさにお茶づくし。聞いているだけでお腹がチャプチャプになりそう。

こうした言葉がけを毎日毎日したのです。さらに……。

「絵が描かれた単語カードなども使いましたが、あれは名詞を覚えるにはいいですが、その他の言葉を覚えるには足りないと思って。いかに体験を通して、その体験と言葉をマッチングさせるかに腐心しました。たとえば〝明るい〟だったら、朝起きてお日様を見ながら、『明るいね〜』。〝おかえりなさい〟だったら、パパが帰って来るタイミングで何度も何度も。その時のチャンスを逃さず、行動と言葉をマッチングさせていました。特に、これが良かったかも、と思えるのが料理です」

——料理？

「そうです。タクは食べることが大好きだったのと、私が料理をする間タクをほっておくのが嫌だったので、毎日一緒に買い物に行って、夜ご飯を一緒に作りました。というよりは、ほぼタクが作っていました」

——タク君が？　料理と言葉の習得、どんな関係があるのですか？

「大ありですよ。料理はいろんな言葉を体感しながら覚えられます。一才で卵を持たせ、落として割った時の『アッ！』という衝撃的な体験を通して〝落ちた〟〝割れた〟という言葉を覚えました。そして何より、卵をすぐに上手に割れるようになりました。二才で包丁も持ち、焼きそばを一人で作りました。砂遊び、粘土遊びのように、野菜を切ってはお鍋にほうりこんでいましたけど。そして四才の時にはお米も一人で炊けるようになりました。料理で体験する緊張感、集中力、それから数を覚えたり、色だとか、感触だとかを実際に感じながら言葉に結びつけていく。**料理ほどいい勉強材料はない**と思いました。そして何より……」

——まだあるんですね？　何より？

「今は私よりもタクのほうが、料理が上手です」

そうなりますよね。お母さんにお話を伺うと、やはり大変だったんだろうなと思います。

皆さんは「おっはー！」を覚えておいででしょうか？　二〇〇〇年の新語・流行語大賞の年間大賞を受賞した言葉です。こういう流行語って子どもたちは大好きですよね。こっちが教えるわけでもないのに勝手に覚えて、どこでも使う、使う、使う。

しかし耳に障害があるとそうはいかないわけです。

「タクが幼稚園の時に『おっはー！』がはやりました。普通の子なら自然と耳にして覚えますよね。でもタクは教えないと分からない。まわりの友だちは盛り上がっているのに、タク一人だけが分からない事態にならないように『おっはー！』を教えるんですが、それが言えないんですよね」

――タク君の場合はどうなるんですか？

「『おっかー！』になる。『はー』がなかなか言えなかったんですよ。ですから、ガラスに息を吹きかけて、『これがハーだよ』って。ガラスが曇るように何度も何度もこれが『はー』だよって練習して、ようやく『おっはー！』と言えるようになりましたね」

流行語一言のためだけに、そんな努力が親子の間で積み重ねられてきただなんて。自分の想像力のなさを痛感します。

お母さんは、こう続けました。

「普通の人って、何気ない会話からいろいろと覚えること、学ぶことができるじゃないですか。自然に入ってくるというか。友だちの話であっても、自分のことにできるというか、あ、そうかと思えることがあるじゃないですか。だけどあの子の場合は、実際にあの子に起こったこととか、**あの子に面と向かって直接教えたことしか入らない。**なので今も、普通の人なら知っているようなことでも彼が知らないことは多いと思いますよ。私も教え切れていないことが、まだまだたくさんあると思いますね」

——たとえば？

「そう聞かれても、いっぱいあり過ぎて分かりません。実際に彼が、その都度、頭を打つしか仕方がないかなぁと思いますね」

実際、タク君が小学三年生の時には、こんなことがあったそうです。

「タクが『最近、僕の靴がよくなくなるんだ。この前は靴箱の裏に落ちていた』と言うんですよ。話を聞けば、イジメられてるんだと分かりましたよ。でも彼は、それがイジメだとも分かってなかったんですよね。そこで担任の先生や教頭先生に相談しに行ったら、暖簾に腕押しというか糠に釘というか。これ以上言っても仕方がない、ここで怒っても結局は損するだけだと思って、先生に『学年集会で、タクに作文を読ませる時間を作ってくれませんか』とお願いをして、作文を読ませたんですよ」

——その作文には何て？

「もう忘れちゃったけど、僕は耳が聞こえません。普通にしゃべっているので聞こえていないようには見えないと思いますが、聞こえません。前から話しかけてくれれば分かりますが、後ろから呼びかけてくれていて、僕が気づかずに行ってしまったようなことがあったのならゴメンナサイ。無視しているわけではないのでゴメンナサイ。僕には気づかないことがあるので、みんなに嫌な思いをさせているかもしれません。体が大きな僕がドンとぶつかっているかもしれません。口を見せて話をしてくれたら分かります。これからもよろしく、とか。もう忘れたわ」

いやいや、決して忘れられない思い出かと。

しかしお母さんは、こう続けました。

「社会に出れば、理不尽なことがいっぱい起こる。嫌な奴もいっぱいいる。だからこういう機会は勉強になる。それを感じるチャンスなんやと思いましたね。作文を読んだ後ですか？　小学三年ぐらいって、実は正義感も強い時期。この作文を読んでからは、みんな、サッと変わりましたね」

かえっていい経験ができました

本当に「母は強し」だと思います。そんなお母さんが、タク君の耳のことを悲観して泣いたのは一回だけだったと冒頭申し上げたのですが、実は人目をはばからず号泣した経験もあるんです。

「あの子、中学三年の時に立候補して生徒会長になったんですよ。それはもううれしかったですよね。

生徒会長だから、卒業式の時に在校生からの送辞に答えて、彼が答辞を読み上げたんですよ。その内容は先生と相談して書き上げたんですが、それを読み上げた瞬間、私は保護者席にいたんですが、もう号泣しました」

その答辞の原稿をお母さんはまだ持っておられ、チラリと拝見させていただきました。そこには、こう書いてあったのです。

「時には聞きまちがいでトラブルになったこともありました。その場の空気が読めなくて、〝自分も耳が聴こえていたらな〟とくやしい思いをしたこともありました。けれども、みんなが僕を〝障害者〟として特別扱いするのではなく、一人の〝仲間〟として、いつも変わることなく接してくれたことをとても感謝しています」

これは泣くなぁ。ボクでもきっと泣く。

お母さんは、こう話します。

「こう言うとあの子は嫌がるかもしれないけれど、**私はかえっていい経験がいっぱいできたな**と思いますね。さまざまな人にも出会えたし、いろいろな考え方ができるようになりましたからね」

――そんな彼も、間もなく社会に出ていくわけですが、そんな彼に一言伝えるとしたら何を伝えたいですか？

「社会に出れば自分で戦っていかないとね。これまでは、なんやかや守られてきてましたもんね。

もう誰も守ってくれないし。理不尽なことや嫌な奴に出会った時に、どれだけそれらに打ち勝てるかですよね。何を言われようが、自分がやりたいことを、やり遂げてほしいですね」

そんなお母さんのインタビューの最後に、意地悪なボクはもう一度、この質問をしてみました。

——もう一度聞きますが、タク君が三歳か四歳の時に一回だけとは言いながら、お母さんは泣かれましたよね。それは、なぜだったと思いますか?

「なんでうちの子に。なんであの子は聞こえないんだと。かわいそうだし、将来の不安もあったし、なんでそうなったんやろうという感情が一気に来た感じですよね。〝嫌や!〟って。この子が聞こえたら、もっといろいろなことができるのにって」

——でも、それは一瞬だったんですよね?

「いや、その思いは常に持っていますよ。ただ考えても仕方がないことやなと思って。答えのないことを考えても仕方がないし、これは〝与えられるべき〟ことで、**彼も〝私だからこそ〟生まれてきたんだ**と思いますよ。そして何よりも……」

——そして、何よりも?

「あの子のおかげで、私はいっぱい幸せをもらっていますよ」

タク君も、もちろんお母さんから、いっぱいの幸せをもらっているに違いありません。

ついでにボクも、このインタビューでいっぱいの幸せをもらいました。ほんわか気分を頂戴し、本当にありがとうございました。

15 聞こえているけれど、分からない
〝聴覚障害者あるある④〟

まだこんな人がいるんだな、と……

このコーナーでは、聴覚障害者の〝あるある〟をできるだけおもしろおかしくご紹介してきましたが、中には笑顔のままでご紹介できないものもあります。思わず眉をひそめるものや、それこそ耳をふさぎたくなるものもありました。

でも、〝あるある〟なのです。

まずは、いまだにそんなこともあるのか、というエピソードからご紹介しましょう。

「初めての一人暮らしで部屋を探そうと、一番最初に入った不動産屋さんでのことです。不動屋さんを訪れるのも初めてだったし、少し面倒だなと思って、一切話をせずに全部メモを渡しながらコミュニケーションを取っていたんですよ。そんな中、いい部屋が見つかって『管理人さんに問い合わせてみます』となって、担当者がいったん席を離れて戻ってきて、こう話したんです。『え〜っと、無理

みたいです』。なぜですか？　とメモに書いて尋ねると『管理人さんが、火事の時などに困るので、とおっしゃっています』と。私は思いましたね。まだこんな人がいるんだな、と」

これは何十年も前のことではありません。本当に少し前のことです。まだまだ聴覚障害者への偏見は根強い。その要因は、何といっても彼ら・彼女らのことをよく知らないから。そもそも知ろうとしないから。

知らない、分からない、では「排除」しようというのが人の世の常だからです。

いやいや、そんなことはない。世の中ずいぶんバリアフリーも進み、優しい世界になりつつあるはずだという反論もあるでしょう。ボクもそう思います。

しかし、ここに聴覚障害者ならではの問題がある。

彼ら・彼女らは、一瞥するだけではその障害が分からないという大きな問題です。車いすなら身体障害者の方だ、白杖なら視覚障害者の方だとすぐに分かる。配慮が必要かなと、すぐ思いをめぐらせることができる。

しかし聴覚障害者の場合は、発達障害と同様、そうはいかない。なぜ、これが分からないの？　なぜ、これができないの？　と初対面の人はいぶかしく思うに違いない。

それが続くと「めんどくさい」「もういいや」と離れていく。離れていくのはまだましなほうで、

なぜこれができない、なぜこれが分からないのだと〝攻撃〟に転じる。

学校ではそれが〝イジメ〟に、職場ではそれが〝パワハラ〟になるのです。

今回の座談会形式の取材でも、イジメに関してはさまざまなエピソードが赤裸々に語られました。

「小学校で、聞こえないことをおもしろがられて、からかわれました。男子に追いまわされたこともあります。私、耳が聞こえないので、近づいてこられても気づかないので。ふり向いたら、そこに男子がいた。怖かったです」

確かに、それは怖い。通学途中に関してはこんなエピソードも。

「学校帰りに、わざと前を歩いて、ヒソヒソ話をしてこっちをふりかえって見て笑うとか、そんな経験はあります」

「そうそう！　口を隠して、何か言っている。たぶん悪口を言っているんだろうと思いましたね」

別の男性メンバーはこんな話をしてくれました。

「イジメは、中学校時代からひどくなってきました」

――どんなイジメだったのですか？　具体的には？

「僕の発音を真似されるんです。僕の発音は、他人の発音とは少し違うとは思います。自分でもそれは分かっています。それを真似するんです」

――でも変な風に発音の仕方を真似されても、正直、あなたには聞こえないのでは？

「確かに、普通にやられても分からない。しかし、それをはっきり分かるように言ってくる。コソコソ言ってくれたら分からないけど、コソコソじゃなく、**わざわざ近寄ってきて、はっきり言ってくるので、分かる**んですよ！」

彼は少し声を荒げました。彼の場合は、他にも靴を隠されたり、授業で先生に使ってもらうエフエムマイクを取り上げられたりもしたそうです。

「エフエムマイクを取り上げられた際には、スイッチがオンになっていたものだから、クラスメイトがそれをオモチャにしている笑い声とか話し声が、僕の補聴器に入ってくるわけですよ。もう無茶苦茶うるさくて、やめてと言ってもやめてくれないし」

――先生には言ったんですか？

「いいえ。先生に言っても一向に収まらないし。学校にも行きたくなかったけれど、我慢して我慢して、とりあえずは学校には通いましたね」

同じく、発音をいじられたというメンバーがいます。

「僕も同じように、僕の変な発音をいじられて、皆が笑うってことありましたよ」

――その時、あなたはどう対応されたのですか？

「僕も笑いました」

――えっ⁉　自分の発音が笑われているのに、自分も笑う。それはどう言うことですか？

「友だちは、グループ内で笑いを起こす際に、まず僕をいじるんですね。その際、僕も笑います。本当は嫌だなと思うことも多かった。でもね、僕が笑わないと場が保たないことも分かった。だから『何言うてんねん！』とツッコミを入れて、**自分でも笑っておかないと、自分がしんどくなる**んですよ」

明るくふるまっているように思えても、その裏では我慢を余儀なくされているケースも多いのですね。

さらに、みんなから賛同の声があがったのが、別のメンバーがこう話した時のことです。

「僕の場合、メンタルが病むほどのイジメはなかったんですが、よくあったのは、聞こえているか、聞こえてないかのテストをクラスメイトからされるってことですね」

――それって、どんなテストなんですか？

「何か物を落として、それに僕が反応すると『なんだ！　お前、聞こえてるやんか⁉』と言われることがありましたね。今であれば、聞こえることと分かることとは違うんだと説明できるけど。子どものころは〝**聞こえているけれど、分からない**〟**ことを説明できない**ので、友だちに言い返したいんだけど、言い返せないくやしい経験を何度もしましたね」

――じゃ、友だちに「聞こえてるやん？」と言われると、なんと答えていたのですか？

「あ〜、う〜ん、と。結局何も言い返せないままで、友だちには聞こえていると思われてしまっていました」

それもつらい経験だったに違いありません。さらに、これはイジメとまでは言えないでしょうが、こんなことを話すメンバーも。

「私はろう学校育ちだったので、あまりイジメなどは経験していないんですが、私、そのろう学校では障害の程度は低かったので、他の親から言われたことがあります。『いいわね、聞こえて』とか『なぜろう学校に通ってるの？　普通の学校に行けばいいじゃないの？』って。確かに聴力を数値化すれば、比較的聞こえているように見えるかもしれませんが、聞き分けが苦手で、普通学校のザワザワしている中では聞き取れないのに、そんなことも知らずに、それも同じ聴覚障害者の子を持つ親に言われるのは、いかがなものかと思いましたね」

なるほど、やはり彼ら・彼女らの心が傷つく機会は、健常者よりもずっと多いと感じます。

深刻なトラウマを抱えているメンバーもいました。

彼は話すことも苦手。

そこで、手話ができる仲間に間に入ってもらって、ある種の通訳をしてもらいながらコミュニケーションを取ることにしたので、その感じが少しでも伝わるようにと、彼の発言はひらがな表記を多用しています。

「ぼくは、小中学校は、ふつうの学校にかよっていた。その中学校の時にイジメがいちばんおおかった。ほちょうきをみて、へんなものをつけているな、外せよとよくいわれた。ほちょうきを外すと、ぼくは、もう、まったくきこえない。だけど、外せと。なんども、なんども。ぼくは、それが苦しくて、苦しくて。死にたいとおもうこともあった」

——それを実行しようとしたことは？

「ちょっとだけ。手首をきろうとした。ピッとね。でも、ゆうきがなくて、ちょっとだけ」

——それは、誰かに伝えたのですか？

「せんせいにも、かぞくにも、いえなかった。心のなかにとどめていただけ。くるしいだけの中学三ねんかんがおわった」

——その後、高校は？

「ろう学校にもどった。でも、いまも、ほちょうきをつけていません。中学じだいのイジメをきっかけに、ほちょうきはもうつけたくない」

――でも補聴器をつけて、自分には聴覚障害があることを開示して、人づきあいをしたほうが楽なのではないですか？

「楽だとはおもう。けれど、いえない」

――なぜ、言えないのですか？

「きこえる人と思われたいから。きこえる人になりたいから。でも……」

――でも……なんですか？

「ほちょうきは、イジメられたけいけんがなかったら、つけていたとおもう」

たぶん、彼をイジメた中学時代の同級生はそんなことを忘れている。記憶の欠片も残っていないかもしれません。しかし、イジメられた当事者には深い深い心の傷が残っているのです。

彼は話をしてくれた後、しばらくその場を離れました。後日そのわけを聞くと、当時を思い出すだけでつらくなったからだ、とのこと。ごめんなさい、嫌な記憶を呼び覚まして。いじめの苦しみは当事者しかやはり分からない。読者の皆さんにも、やはり知っておいていただきたい現実が、ここにはあるのです。

さて、ここで自他共に認めるタフガイのノブさんが、こう言いました。「僕は、強かった」と。そうでしょう。「イジメられることもなかった」と。そうだと思いました。

しかし彼はその後、意外な思いを語るのでした。

「確かにイジメはなかった。だけど、学校ではずっとしんどかった。普通にしんどい。生きているだけで、しんどいと思っていた。だってそうでしょ。分からないことばかりなんだから。友だちと会話する時も、友だちの口を一生懸命見ている。しんどい。先生は、自分がどう聞こえないかが分からない。子どもは、それを説明できない。しんどい。苦労しているんですよね、みんな。みんながんばっている。でも、大人からは『もっとがんばらないとダメだよ』と言われる。これがつらかった。もう、メッチャがんばってるのに。**これ以上、どうがんばればええんや、**と。学校でつらいのはイジメだけじゃない。周囲の無理解がつらい。自分が全然理解されていないことがつらかったのです」

やはり、ノブさんでもしんどいんだ。つらいんだ。

この日は、そうした発言がノブさんから出たことに少し驚いて、それ以上、突っ込んでお話を聞けませんでした。そこでノブさんとリョージ君に集まってもらって、今一度、お話を伺うことにしたのです。

改めて〝聞こえない世界〟について語ってもらうために。

16「おわり」に代えて……でも意外とここが重要だったりして

普通に聞いてくれて、笑ってくれて、これだ！と思いました

「小学校から高校時代まで、僕はむちゃくちゃ我慢していましたね。だから結構、泣いていました。特に小学校時代は、メチャクチャ泣いていました。怒られることも、納得いかないことばっかりで。**『なぜ聞いてないの？』**って叱られる。こっちはがんばって聞こうとしているのに。聞く努力が足りない、みたいな言い方をされて。もう納得がいかなくて、何度もくやし涙を流しました」

自他ともに認めるタフガイのノブさん。

イジメを語る座談会では「イジメられたことなどない」と語っていたものの、他のメンバーの発言に触発されたのか、「学生時代は実はしんどかった、つらかった」と、それこそが本音じゃないの？ということを吐露されました。

そこでこの本の残りページも少なくなってきたものの、改めてお話を伺う機会を設けてもらったの

です。

「実は僕も、高校時代までは自分の障害のことはあまり言わなかったんですよ。ずっと隠していました」

ノブさんがそう発言すると、同席していたリョージ君が「僕と同じじゃん！」と小さな声でつぶやきました。たぶんノブさんには、それは聞こえていなかったと思うな。なので、ノブさんは、そのまま話を続けたのです。

「自分が持つ障害ゆえの困ったこと、困ることは、自分からは言えなくて。だから当然周囲の同級生たちも、僕の困ったこと、困ることに気づいてくれない。でも僕は、高校時代まではずっとがんばってた。がんばって人の口を読んでました。がんばってたと胸をはって言えるほどがんばってました。みんなの話についていくために、いろんな知識を叩きこんでいました。マンガやゲーム、プロレスなどの話題についていけるように本を読むなどして、知識を叩きこんでいましたね。そうしないと会話についていけないんですから。キーワード一つ知っていれば、何とか会話にはついていける。だから勉強をした。知識を叩きこんでいたんです。そうですね、高校時代までは〝自分を作っていた〟と思いますね。分からなくても分かったふりもしていたし」

――がんばることが、つらかったということですか？

そう聞くと、ノブさんは少し間を取ってから、こう答えました。

「楽じゃなかった……ということですかね」

――それが、いつ変わったのですか？

「大学に入って、手話を覚えてから、ですかね」

今でこそ「手話歌」や「手話ダンス」など変幻自在に手話を使いこなすノブさんも、手話を覚えたのは遅く、大学に入ってからだったのですね。ノブさんは言います。

「それまでは、手話なんて大嫌いでしたから」

この気持ちは、聴覚障害のある皆さんを取材しているうちに、だんだんと分かるようになってきました。

自らの聴覚障害を隠したい思いがある間は、「手話ができる」＝「耳に障害がある」につながると思い、手話を遠ざける、手話など嫌いだという感情に結びつくのでしょう。

リョージ君もタク君も、本格的に手話を学んだのはノブさん同様大学に入ってから。「手話デビュー」は意外と遅いのです。**「聴覚障害者は全員手話ができる」というのは、実は誤解。**現実には手話ができない聴覚障害者がいることも知っておいてください。

さて手話と出会って、ノブさんはどう変わったのでしょうか？

「手話と出会ったとたんに、本当にそのとたんに、**コミュニケーションってこんなに楽なんだ、**と思いましたね」

そこから、今のタフで明るくエネルギッシュなノブさんがどんどんと形成されていったのです。

なるほど、座談会で語った「学生時代のつらい思い出」と、今のノブさんのイメージに大きなへだたりがあったわけが分かった気がします。

手話を知らなかった時代と、手話を知ってからの時代の、そのへだたりがあったのです。

そして、ノブさんはｏ・ｉ・ｏ・ｉにも出会い、特にそこでコントも披露するようになってからは〝聞こえない〟ことを〝笑いのネタ〟にまでしだしたのです。

「聞こえないことをネタにしだして、お客さんが笑ってくれた時に、**これいいな！　これいける！**と思ったんです。障害の話って、こっちが重く言うと、なかなか受け止めてもらえない。

またかわいそうだという目でも見てほしくない。もっとサラッと言うのが大事かなと思っていたところ、お客さんに引かれることなく、普通に聞いてくれて、さらに笑ってくれて、これだ！　と思いましたね」

――この本を作るに際して、ｏ：ｉｏ：ｉのメンバーからは〝オモロイ本にして！〟と言われ続け、それを意識したけれど、やっぱり難しい。「オモロイ」＝「興味深い」という図式であれば、皆さんにも納得してもらえる本になったかもしれない。それも自信はないけれど、やっぱり「障害」をおもしろおかしく表現するのは難しいし、そもそも、それは許されるのか？　と思ってしまいますよ。にもかかわらず、皆さんはそれをコントにまでしてしまう。そこに葛藤というか、躊躇はなかったのですか？

「当初はｏ：ｉｏ：ｉのメンバーもそう感じていました。『そんなんアカンやろ』とか『なんで、自分の障害のことを人前でしゃべらないとアカンねん⁉』とか、ね」

メンバー同士でも驚きがありました

ここで、リョージ君が「僕もそうでしたよ」と話に加わりました。

リョージ君の場合は、いつ頃から変わったんでしょうか？

「パフォーマンスを重ねるうちに、お客さんから『良かったよ』とか、もっとシンプルに『おもしろかったよ』とか、さらに『聴覚障害についてもっと知りたくなったよ』とか声をかけてくれるようになると、**僕はこの場にいていいんだ**と思えるようになって、自信がつくようになって、聞こえない自分を受け止められるようになりましたね。そこから自分の〝聞こえない〟ことをもっと知ってもらいたいと思うようになり、コントにも積極的に参加するようになりましたね」

ｏｉｏｉでは、障害を笑いにしたことによる観客からのクレームは、一度も受けたことなどないと言います。

さらに笑いを用いて障害を伝えると、こんな効能があると、ノブさんは言います。

「距離が近づきますよね。障害のある人と、ない人とがね。自分の困ったことをネタにして笑ってもらえると、自分のことを理解してもらえるわけですよ。結果的に自分の生活が楽になりますよね。障害のない人も、障害について今まで**〝言ったらあかん〟と思っていたものが、〝言ってもいいんだ〟と思ってもらえる**ようになって、障害のある人と、ない人との距離がずいぶん近づくと思いますね」

なるほど。しかし、聴覚障害者全員が全員とも「障害を笑いにしてもいい」と思っているとは限らないでしょう。ノブさんもリョージ君も、そこはそう思うと認めています。

そもそも、今回のこの本の原稿を一番最初に目を通したのはこの二人なんですが、ノブさんは、こんな感想を述べました。

「ｏ・ｉ・ｏ・ｉのメンバーとは結構長いつきあいだと思っていたんですが、改めて、彼らのインタビューの内容を読むと、同じ聴覚障害者であっても、へぇ～、そんな風に感じているんだ、そんな風に聞こえているんだと言う驚きがありましたね。ｏ・ｉ・ｏ・ｉのメンバーですらこんなに違うのですから、同じ聴覚障害者でも、聞こえる度合い、聞こえない程度、今いる環境や、それまでの生い立ちで、価値観はきっと千差万別、それぞれ全く違うんでしょうね」

最後に、そんな聴覚障害者の皆さんに一言声をかけるとしたら？

「それぞれ価値観は違うとは思っていますが、それでも聞こえない人は、もっと自分のことを伝えていけばいいと思いますよ。そのほうが絶対〝楽〟になるのはまちがいないですね。まわりの聞こえる人たちは、障害者に興味がないかといえばそうでもない。本人が語らないから聞きにくいのだと思う。まず、やっぱり聴覚障害者本人が語るべきだと思いますね」

――では、周囲の健聴者は？

「まわりの人たちは、その友人にたとえ障害があったとしても、それは個性として捉えて、普通の人間としてコミュニケーションをとっていけばいいんじゃないかと思いますね」

続いてリョージ君がこう補足しました。

「聞こえない人から自らの障害を話し始めると、まわりはようやく気づき始めるんです。耳が聞こえない障害に、まわりの人々はそもそも気づいていないことが、実は大きなバリアかなと思うんですよ。ですから、**当事者が話す。周囲が気づく。そしてお互いが歩み寄っていく。**そういう構図、流れが生まれることを期待しますね」

まさにこの本は、クラウドファンディングを通して、耳の聞こえない仲間と聞こえる仲間が歩み寄る形で資金が集まり、出版ができるまでに至りました。これはすごいことだと思います。

この原稿を書いているのは五月末ですが、パトロンの数は既に二百八十名。まだ一カ月クラウドファンディングの期間は残っていますので三百名は優に超えるかと。まだまだ小さい一歩かもしれませんが、何かが動き出しているのはまちがいないと思います。

ノブさんこと「手話エンターテイメント発信団ｏｉｏｉ」の現代表・岡崎伸彦さんは、最後にこう言いました。

「なんだか、夢が夢じゃないんだなと思い始めました。我々の団体は、**聞こえない人と、聞こえる人の間にそびえる心のバリアをぶっつぶす**こと、バリアクラッシュをうたっています。とは言うものの、内心では〝壮大な夢〟だと思っていました。でも、このクラウドファンディングの勢いを見た時に、夢が夢じゃないんだと、はっきりと希望が見えた気がしましたね」

手話エンターメント発信団ｏｉｏｉの皆さん、何度も取材におつきあいいただき、本当にありがとうございました。

岡崎代表がそう話してくれたように、皆さんのお役に少しでも立てたのならうれしいです。

そして、クラウドファンディングにご協力いただいた数多くの皆さま、資金的援助をしていただき、心より感謝いたします。

この本を手に取っていただいた皆さま、最後までお読みいただき、本当にありがとうございました。何か一つでも皆さまの心に残るものがあったのなら大変うれしいのですが。

そして最後に、相変わらずつたないボクの文章を、最後まで校正し続けていただいた星湖舎の皆さん、本当にありがとうございました。この場をお借りしてお礼を皆さまに申し上げます。

バリアクラッシュの世の中が実現することを願いつつ、ここで筆を置くことにいたします。深謝、感謝。

一般社団法人
手話エンターテイメント
発信団oioi

http://www.oioi-sign.com/

ご支援ありがとうございました!!

2019年5月から7月にかけて実施したクラウドファンディングで
「本にお名前を載せるコース」を選択していただいた皆さまです。
本当にありがとうございました。

株式会社 様様《さまさま》 MANABU SASANAMI 様

高橋 みつる 様・松島 亜希 様

楓～まほうのて～ 様

編著者プロフィール

大谷 邦郎（おおたに・くにお）

1961年10月3日生まれ。大阪府堺市出身。1984年神戸大学法学部卒業、同年毎日放送入社。キャリアの大半を記者として過ごし、ラジオ報道部長、宣伝部長などを歴任。2016年10月末に独立して「グッドニュース情報発信塾」を設立、現在に至る。情報発信コンサルタント、セミナー講師、イベントプロデューサー、講談作家として活躍中。
著書に『なんでもない日はとくべつな日 ～渡航移植が残したもの～』（はる書房）、『ICU・集中治療室物語 ―プロフェッショナルたちの静かな闘い―』（星湖舎）などがある。

グッドニュース情報発信塾
https://communication-juku.jimdo.com/

耳の聞こえない人、オモロイやん！と思わず言っちゃう本

2019年 7月14日 初版第1刷発行
2023年10月12日 初版第3刷発行

編　著　大谷 邦郎
発行者　金井 一弘
発行所　株式会社 星湖舎
〒540-0037 大阪市中央区内平野町1-3-7-802
電話 06-6777-3410　FAX 06-6809-2403
編　集　近藤 隆己
イラスト　きな炬、ソウダミク、西野なない、山羽春季
(協力)株式会社パソナふるさとインキュベーション
デザイン事業部アニメエッグプロジェクト
ポートレート撮影　田名部 有希
装丁・DTP　藤原 日登美
印刷・製本　株式会社 国際印刷出版研究所
写真提供　一般社団法人 手話エンターテイメント発信団 oioi

JASRAC 出 1907015-901

printed in japan　ISBN978-4-86372-104-3